Guía del vino

Guía del vino

UNA APROXIMACIÓN
PARA PRINCIPIANTES

Fiona Sims

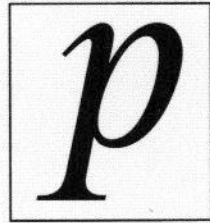

A Mark y Birdy

Queen Street House, 4 Queen Street, Bath BA1 1HE, RU

Producido por The Bridgewater Book Company Ltd

Traducción del inglés: Ana Mª Lloret
para Equipo de Edición, S. L., Barcelona
Adaptación y revisión técnica: Alfredo Peris
Redacción y maquetación: Equipo de Edición, S.L., Barcelona

ISBN 1-40541-479-0

Printed in China

Sumario

Introducción

Entender de vinos ha dejado de ser un terreno acotado para una minoría selecta. El vino no es clasista; es accesible y se puede adquirir en la tienda más próxima. Y nosotros, los amantes de vino, podemos atribuirnos en parte el mérito de esos logros: si fuéramos reacios a probar novedades, los vitivinicultores no se molestarían en introducirlas.

El mundo actual es todo un paraíso para los bebedores de vino. El surtido de vinos que se ofrece nunca ha sido tan amplio: las estanterías de los supermercados y de las tiendas especializadas crujen bajo el peso de las botellas, y éstas se adquieren a precios muy razonables. Existe una amplia gama de vinos muy aceptables que se pueden comprar por poco dinero. De hecho, el vino de mala calidad casi ha desaparecido.

Otro factor importante es que médicos y científicos han confirmado lo que los griegos de la Antigüedad siempre supieron, es decir, que el vino es bueno para la salud. Tomado con moderación, naturalmente. Son buenos tiempos para el vino, y prometen serlo cada vez más.

Mucho han cambiado las cosas, incluso en los diez últimos años. Tómese como ejemplo Australia en relación con el consumo de vino en el Reino Unido. El vino australiano fue una novedad a finales de la década de 1980, cuando se bebía principalmente vino francés, alemán e italiano. Pero ahora Australia ha logrado adelantar con brío a Alemania y dejar atrás a Italia.

En Australia se está gestando una nueva filosofía del vino, un ámbito sin castillos ni grupos cerrados, donde prima la variedad de las uvas, donde el sabor de la fruta y el nombre de la cepa es lo que más importa. Armados con su nuevo y brillante equipo de acero inoxidable y con la última tecnología adecuada a su especialidad, los vinicultores de los nuevos países productores elaboran vinos maduros, vibrantes y sabrosos, con la variedad de uva que aparece indicada en la etiqueta. Es un lenguaje que actualmente todo el mundo entiende.

La vieja Europa se ha dado cuenta. Allí se ha advertido que, al fin y al cabo, los métodos antiguos no son siempre los mejores. Los herederos renuevan las bodegas de sus antepasados, instalan depósitos de acero inoxidable y elaboran vinos para beberlos con inmediatez, y ya no tanto aquellos que requerían una espera de diez años. Están abriéndose a la crítica y escuchando a los recién llegados que, con gran seguridad, hablan de tecnología. Algunos de estos conferenciantes recorren el continente transformando actitudes.

Ahora se sabe mucho más sobre el modo de conseguir que las uvas de un viñedo alcancen la madurez cada año, y sobre cómo lograr sacar de ellas el máximo partido cuando el tiempo no es favorable. Existe una gran cantidad de conocimientos científicos que permiten establecer el contenido de azúcar y de taninos de las uvas, así

como su acidez, su color y su aroma; estos conocimientos son útiles también para saber cómo se transformarán esas uvas en vino.

Aunque hay quien opina que, en definitiva, todos los vinos saben igual, los métodos modernos permiten a los productores sacar el máximo partido de su uva y de sus tierras. Los más preparados logran otorgar a sus vinos los sutiles matices de un determinado viñedo o, incluso, de una parte concreta del viñedo en cuestión.

Pero esto no debe asustar a nadie: ciertamente, la diferencia se puede llegar a paladear. Tan sólo se necesita un poco de confianza, y la confianza se adquiere con el conocimiento.

En este punto es donde se muestra útil esta *Guía del vino*. El libro está dirigido a quienes empiezan a introducirse en el mundo del vino y desean adquirir unos conocimientos básicos que les ayuden a orientarse en la jungla vinícola. La guía les permitirá moverse con soltura entre las estanterías de los supermercados y las bodegas, así como pedir el vino con aplomo en el restaurante.

El primer paso es el aroma. El libro enseña a degustar y da una idea de las diferentes uvas y de sus distintos estilos, agrupando por separado los merlots con sabor a ciruela y los cabernets con gusto a grosella negra, por ejemplo.

Y si alguien se pregunta qué vino debe servir en una boda, o con el curry que ha encargado en la tienda india del barrio para el viernes por la noche, aquí hallará la respuesta. También encontrará información sobre los alimentos incompatibles con un vino determinado, y sobre dónde comprarlo, ya sea en el ciberespacio o en un comercio especializado.

El libro también se revela muy útil en cuestiones prácticas; orienta, por ejemplo, sobre cuál es la utilización correcta de la cristalería (éste es un detalle que marca la diferencia) y enseña a descifrar las etiquetas de las botellas y a reconocer un vino con sabor corchado. Asimismo, ofrece información sobre el modo de almacenar correctamente el vino.

Un recorrido con breves paradas por los viñedos de todo el mundo destaca lo que distingue un vino de otro, cuáles son las uvas que se cultivan y dónde. También vierte algo de luz sobre los sistemas a veces arcaicos de clasificación del vino que se utilizan en muchos de los viñedos europeos.

El libro finaliza entre el acero inoxidable de las bodegas. Puede parecer innecesario, pero comprender mejor cómo se elabora el vino ayuda a adquirir la confianza que permite relajarse y disfrutarlo.

Y por último, un consejo: cuantos más vinos pruebe, más aprenderá. Por lo tanto, no se limite a esa botella de chardonnay australiano o de cabernet chileno que anhela comprar. Busque algo más, lo que sea, y vaya probando.

Las uvas

El aroma es lo primero que acude a la mente al elegir una botella de vino, y la variedad de uva constituye el mejor indicador del aroma que tendrá el vino. Existen centenares de variedades de uva, pero sólo algunas -en total, unas nueve- se transforman en la mayor parte de los vinos que se alinean en las estanterías de los comercios.
Lo primero que hay que hacer para reconocerlas es concentrarse y aprender cómo se degusta, es decir, la técnica de la cata. Todas esas curiosas formas de agitar la copa con movimientos circulares, de sorber, de paladear y escupir que practican los catadores profesionales tienen una finalidad. La cuestión es no desesperar: catar está al calcance de cualquiera que sienta interés por el vino y esté dispuesto a practicar.

Aprender a degustar

Cuantos más vinos pruebe, más desarrollará su paladar. Pero la forma de degustarlos marca la diferencia. Todo el curioso ceremonial que realizan los catadores de vinos no encierra en realidad ningún misterio. Se reduce a agitar la copa con movimientos circulares, oler, paladear y escupir. La cuestión es saber por qué se agita la copa, o qué significan términos como "tanino" o "acidez".

El primer paso es llenar más o menos un tercio de una copa. Mírela con atención. Inclínela un poco ante un fondo blanco o sosténgala de modo que reciba la luz del día para ver la gama de colores desde el centro hasta el borde del disco. Los vinos tintos viejos palidecen en el borde y adquieren un color marronáceo rojizo hacia el centro. Los vinos tintos procedentes de los climas más cálidos y las variedades de uva tinta de zonas soleadas presentan colores más intensos.

Ahora, agite la copa con suaves movimientos circulares. Así se desprenden todos los aromas del vino. Introduzca la nariz en la copa y aspire lentamente. Las primeras impresiones son las más vivas. Después de dos o tres aspiraciones, el sentido olfativo queda neutralizado. Un catador experimentado puede extraer infinidad de conclusiones sólo con oler un vino: la variedad de uva con la que se ha elaborado, e incluso de dónde procede. Un principiante pronto empezará a reconocer los aromas frutales clave característicos de una determinada variedad de uva.

Al aspirar, piense en los aromas que percibe en términos de olores que le resulten familiares. Necesitará intentarlo varias veces antes de hacerlo con soltura, pero una vez lo haya conseguido percibirá con claridad olor a chocolate caliente, a hierba recién segada, a melocotón... No importa si usted es el único que descubre esos aromas particulares; cada persona tiene sus propias referencias olfativas, y todas ellas son válidas.

Pase ahora a saborear. Dé un buen sorbo y deje correr el vino por toda su cavidad bucal. El motivo por el que los expertos producen con la lengua una especie de chasquidos una vez tienen el vino en la boca es que están intentando que éste moje cada parte de la lengua: la dulzura se percibe con la punta, los sabores salados un poco más atrás, la acidez en los laterales y el amargor en la parte posterior. Anote la acidez, el dulzor o la aspereza. Le servirá de ayuda entreabrir los labios y aspirar un poco: al airear el vino, arrancará e individualizará aromas y sabores. Haga como si masticara.

Garabatee sus primeras impresiones. Al principio, algunos sabores son más obvios que otros; pero no se preocupe demasiado por encontrar un jardín de sabores frutales. Piense en la consistencia del vino en la boca. ¿Es ligero, de medio o de mucho

izquierda **Para poder aspirar todos los aromas del vino, llene sólo un tercio de la copa.**

cuerpo? ¿Está equilibrado? ¿Cuáles son sus niveles de acidez, alcohol, sequedad/dulzura, sabor frutal y tanino? Después trague, o escupa si tiene que degustar más vinos. Tome nota de los sabores largos, es decir, de la persistencia gustativa.

arriba Dé un sorbo y haga que el vino recorra toda la boca para que llegue a todas las partes de la lengua. No importa que se produzcan unos ruidos extraños: son peculiaridades de la degustación.

Características que deben captar su atención cuando deguste un vino

Acidez

Le da al vino un sabor vivo y fresco. Si es excesiva, el sabor será desagradablemente acidulado y amargo. Si es insuficiente, el vino tendrá un sabor plano.

Alcohol

Obviamente, se encuentra en todos los vinos, pero cuanto más alto es su nivel, más cálido se percibe un vino en boca. Si está desequilibrado en relación con las notas frutales, el tanino, etc., resultará incluso picante, como una gota de tabasco.

Sequedad/dulzura

Estas características se ven afectadas por la cantidad de azúcar natural del vino. La dulzura tiene que estar equilibrada por la acidez o el vino será empalagoso. Pero no hay que confundir sequedad con acidez: en efecto, un vino muy seco como un fino de Jerez puede presentar una acidez bastante baja.

Notas frutales

Deje volar libremente su imaginación y prepárese: el vino no huele ni sabe a uva. Su aroma y sabor pueden asemejarse a toda una serie de frutas, al chocolate, al tabaco, a las nueces, al café o, incluso, a la masa de pan fermentada.

Tanino

El tanino es el responsable de la sensación de sequedad y aspereza (astringencia) que queda en la boca después de ingerir un trago de vino tinto muy joven. Proviene del pedúnculo, las pepitas y el hollejo de las uvas. El tanino ayuda a dar cuerpo al vino y su sabor se suaviza con la edad.

Las grandes uvas blancas

izquierda El vino elaborado con chardonnay es de los más populares del mundo. Esta uva se cultiva con tanta facilidad en el clima cálido de California y del Pacífico como en su Francia oriental de origen.

Chardonnay

Este nombre puede llegar a resultar tan familiar que muchas veces no se llega a caer en la cuenta de que, en realidad, es una variedad de uva. Ni de que con esa uva se elabora un vino famoso en todo el mundo: el chablis. Se cultiva con gran facilidad y se siente tan a gusto en el clima más frío de Borgoña, la cuna de esta uva, como en el cálido de la costa central de California.

¿Dónde se cultiva?

La variedad chardonnay se ha extendido por todo el mundo con un éxito sin parangón, y da lugar, en el peor de los casos, a vinos muy aceptables casi en cualquier zona donde se haya aclimatado bien, de la Columbia Británica a las Islas Británicas, de la India a Uruguay. Sólo Portugal parece haberse resistido a la afición por el chardonnay. Ahora sinónimo de vino blanco en Estados Unidos, las uvas chardonnay dominan también la industria vinícola australiana con su rico estilo frutal.

¿Qué sabor tiene?

En el mejor de los supuestos, la variedad chardonnay produce complejos aromas de avellana, mantequilla, tostadas y champiñones, con sabores que abarcan desde la manzana y el limón al melocotón y el melón, siempre con notas mantecosas, cremosas y de frutos secos.

Los vinos de chardonnay gustan del roble, y los vitivinicultores de todo el mundo han descubierto que con esta madera (tanto en forma de barricas de gran calidad como si el vino se pone en contacto con simples astillas) se puede reproducir la riqueza que el clásico borgoña blanco tarda varios años en adquirir.

Algunas veces, los vinos de chardonnay se mezclan con otros procedentes de variedades con sabores menos manifiestos, pero los chardonnay de máxima calidad no se mezclan nunca.

Sauvignon blanc

Los vinos de Sancerre, Pouilly-Fumé y Fumé Blanc son todavía los pilares de los bares de moda desde San Francisco hasta Londres, pero no todo el mundo sabe que se elaboran con sauvignon blanc.

¿Dónde se cultiva?

Esta variedad clásica se ha cultivado durante siglos desde la Gironda hasta el valle del Loira y, mezclada con la sémillon, se utiliza para elaborar los deliciosos blancos dulces de Sauternes y Barsac. Sólo en los últimos veinte años se ha hecho popular en las regiones vinícolas más recientes del mundo, donde se utiliza para elaborar vinos de distintos sabores, aunque resulta fácilmente reconocible.

¿Qué sabor tiene?

Pis de gato en un grosellero espinoso es una descripción habitual, incluso en Nueva Zelanda, en la región de Marlborough, donde la sauvignon blanc resplandece. En las regiones vinícolas más cálidas de California, Chile y Australia, esta variedad tiende a volverse insulsa, suave y cremosa, pudiendo llegar a resultar inexpresiva. Sudáfrica sobresale en el cultivo de esta uva, en especial en las regiones más frías de Constantia y Elgin, y puede añadir el sabor de pomelo y lima recién exprimidos al espectro de sabores.

abajo Recogidas cuidadosamente a mano, las uvas riesling son la base de muchos de los vinos blancos secos más apreciados de Alemania.

Riesling

Riesling es una de las variedades de uva cuyo nombre peor se pronuncia, y no se debe confundir con la welschriesling ni con la riesling italiana, que constituyen variedades muy diferentes. Pero sí que corresponden a una misma variedad la riesling de Johannisberg y la riesling del Rin. Es también una de las uvas blancas menos conocidas fuera de su entorno de cultivo, y su vino es difícil de encontrar en restaurantes y supermercados alejados de las zonas de producción. Da lugar a algunos de los vinos blancos secos más finos del mundo y a algunos vinos dulces espléndidos.

¿Dónde se cultiva?

El cultivo más abundante se concentra en Alemania y Alsacia. Esta variedad refleja, mejor que cualquier otra clase de uva y sin perder su identidad, los diferentes suelos y microclimas en los que se cultiva, desde las uvas de estilo acerado del Sarre a las que producen los vinos grasos y especiados del Palatinado y las que escalan alturas al otro lado de la frontera, en Alsacia.

Es una uva de maduración temprana adecuada para esas zonas frías de Alemania y Alsacia, pero se ha plantado también en todo el hemisferio sur, con estupendos resultados en Australia, cuyo clima más cálido confiere al vino un carácter frutal y exótico.

¿Qué sabor tiene?

La riesling es extraordinariamente aromática, con sabores que abarcan desde toda clase de frutas a la miel, los minerales, un jardín lleno de flores y, en especial, aromas de hidrocarburos como la gasolina (un factor positivo). Los vinos elaborados con riesling tienen un enorme potencial de envejecimiento: un vino de veinte años puede ser fantástico.

Sémillon

La sémillon es uno de los héroes desconocidos de la producción de vino blanco en Francia. Esta variedad es un ingrediente clave en Burdeos, en los sauternes dulces y en los vinos de la cercana Graves.

arriba Un molino de viento custodia los viñedos de chenin blanc del valle del Loira mientras las uvas maduran bajo un nítido cielo azul.

¿Dónde se cultiva?
La sémillon auténtica brilla en Australia, en especial en el valle de Hunter, y en Chile ocupa el segundo lugar en cuanto a extensión de viñedos de uvas blancas, después de la sauvignon blanc. Incluso está teniendo éxito en Nueva Zelanda.

¿Qué sabor tiene?
Los vinos de esta variedad se suelen mezclar con los de chardonnay. Sola, la sémillon puede resultar bastante neutra, pero cuando se cultiva en ciertas zonas, se vendimia con una determinada madurez y se elabora con una breve fermentación en barrica, el vino llega a conservarse veinte años o más. En Francia se elaboran blancos secos con un delicioso sabor a limón, pero en conjunto, como en Australia, se tiende a lograr un vino más rico y ceroso que al envejecer desprende acentuados aromas a mantequilla y caramelo.

Chenin blanc

Es una de las variedades de uva más complacientes en todo el mundo. En el mejor de los casos, con chenin blanc se producen algunos de los vinos dulces más finos que existen, y con una gran capacidad de envejecimiento.

¿Dónde se cultiva?
En Francia se cultiva sobre todo en la zona central del valle del Loira. Por otra parte, domina la escena del vino blanco en Sudáfrica, donde se transforma en vinos secos, vivos y refrescantes, que a veces resultan demasiado suaves. Es prolífera en California, donde se suele utilizar como base no especificada de vinos blancos de mesa razonablemente vivaces, con diversos grados de dulzura.

¿Qué sabor tiene?
La versión seca de esta variedad puede dar lugar a vinos de gran intensidad, con aromas y sabores que oscilan entre la manzana o el albaricoque, y la miel y la paja. Con ella se obtienen también discretas cantidades de vinos espumosos, aunque no son extraordinarios.

Otras uvas blancas destacadas

Aligoté

Es la segunda uva blanca de Borgoña después de la chardonnay. En los años buenos, la aligoté puede producir una botella de vino de calidad tanto en las mejores laderas como en los suelos pobres. Resulta excelente para el kir (vino blanco con un chorrito de jarabe de casis). Popular en Europa oriental, su elevada acidez es muy apreciada en Bulgaria y Rumania. También en Rusia ocupa el segundo lugar entre las uvas cultivadas para elaborar vino blanco, y se puede encontrar en Chile y en California.

Colombard

No hay que esperar demasiado de la colombard. Esta asequible variedad se planta en abundancia en el suroeste de Francia y tiene como destino las destilerías de Cognac y Armagnac. En ese país rara vez va más allá del vivo y herbáceo frescor de un côtes de Gascogne. Sin embargo, en California, Sudáfrica y Australia el ardiente sol provoca la aparición de sabores picantes de frutas tropicales.

Gewürztraminer

La más marcadamente aromática de las uvas, la gewürztraminer de hollejo rosado, se cultiva en Alemania, Alsacia, Austria, el norte de Italia, Europa del Este y algunos de los nuevos países productores. Basta con olerla para reconocerla al instante: lichis, rosas, incluso jenjibre y canela (*Gewürz* significa especia). Es una variedad exótica en Alsacia, donde presenta tres estilos principales: seca, semidulce (*vendange tardive*, es decir, de vendimia tardía) y voluptuosamente dulce (*sélection des grains nobles*, selección de los "granos nobles"), pero su cultivo empieza a ser prometedor en los climas más fríos del hemisferio sur.

Grüner veltliner

Es la gran uva blanca de Austria y abarca desde un inofensivo blanco de Weinviertel, en la baja Austria, hasta un potente vino elaborado con los mejores granos de Wachau. El sabor especiado del vino obtenido con esta variedad es el compañero ideal para una amplia gama de alimentos.

Marsanne

Esta jugosa variedad blanca, de baja acidez, proviene del norte del Ródano, donde casi ha sustituido a la roussanne, su tradicional compañera de mezcla. La marsanne ha adquirido mucha popularidad en todo el mundo, y en Australia produce blancos secos y robustos con aromas de madreselva y mango.

abajo Tradicionalmente, en el valle del Ródano, de donde es originaria, la roussanne se mezcla con la marsanne, pero es una variedad que está adquiriendo por sí misma creciente popularidad en California.

izquierda El clásico "muscat blanc à petits grains" (la uva moscatel blanca de granos pequeños) que se cultiva en Beaumes-de-Venise produce el vino con más sabor a uva del mundo.

Melon de Bourgogne

Más conocida como muscadet, es la uva con la que se elabora este famoso blanco seco del Loira, y prácticamente no se cultiva en ninguna otra parte. A menudo se la conoce erróneamente con el nombre regional del vino. La melon de Bourgone es una uva de sabor neutro, pero con suficiente acidez y olor marino como para acompañar espléndidamente los platos de marisco. En contacto con sus lías (*sur lies*) desarrolla un atractivo aroma a limón con agradables notas finales de nuez.

Müller-thurgau

Es una plaga en Alemania. La müller-thurgau es un cruce de riesling y silvaner que se utiliza principalmente para mezclas alemanas baratas y dulzonas, pero, por suerte, está en decadencia. No obstante, tiene algún punto a su favor: un grupo de italianos del Alto Adigio ha logrado extraer vinos aceptables, igual que los suizos, y, desde luego, es la variedad más plantada en Inglaterra, donde a veces produce blancos semisecos.

Moscatel o muscat

Una extensa familia de cepas que abarcan desde los claros y elegantes muscats de Alsacia con olor a rosas al dulce y refrescante espumoso de bajo contenido alcohólico moscato d'Asti. Con ellas también se elaboran los muscats australianos licorosos, los moscateles españoles y los *vins doux naturels* (vinos dulces naturales) del sur de Francia, elaborados con muscat de Beaumes-de-Venise.

Pinot blanc

La pinot blanc es la mutación en blanco de la pinot gris, una variedad cada vez más de moda que permite obtener desde vinos muy secos hasta otros suntuosamente dulces. La pinot blanc se cultiva en toda la Europa central y del Este, así como en el sur y el norte de Italia (pinot gris, clara y neutra). Esta uva, conocida también como borgoña blanco, desarrolla un sabor a mantequilla y manzana similar al de los vinos elaborados con chardonnay que no pasan por barricas de roble. Es muy flexible para acompañar alimentos y alcanza su máximo aromático en Alsacia y Austria. Otras fuentes de buenos pinot blanc secos son Alemania, especialmente el Palatinado y Baden, y el norte de Italia.

Los mejores vinos de esta variedad proceden de Alsacia, pero Alemania, Austria y Suiza elaboran también algunos bastante buenos con pinot gris. Más allá de Europa, Oregón ha mostrado gran interés por esta uva, y produce vinos secos y ligeramente melosos.

Roussanne

Otra uva de pasarela, compañera de mezclas de la marsanne. Esta variedad procedente del Ródano tiene un aroma inolvidable, casi silvestre, con notas de frutas maduras, cítricos y heno. Se utiliza principalmente en mezclas y es una de las cuatro variedades de uva permitidas en el blanco Châteauneuf-du-Pape. En la costa central de California se está incrementando su uso para elaborar vinos varietales.

Scheurebe

Otro cruce alemán, proyectado para ser una silvaner-riesling, pero más interesante que la müller-thurgau. Da uvas dulces, pero mantiene su acidez y resulta fácilmente afectada por la botrytis (o podredumbre noble), lo que significa que puede producir los vinos blancos dulces beerenauslese y trockenbeerenauslese, extremadamente finos. Austria también se interesa por esta uva, a la que da el nombre de sämling 88.

Silvaner

La silvaner es otra uva alemana que se cultiva sobre todo en su país de origen y en algunas partes de Europa central. Fue importante en Alemania en la primera mitad del siglo XX y todavía destaca en Franconia, de donde procede la mejor. Aproximadamente la mitad de las cepas silvaner de Alemania están plantadas en el Rheinhessen, cuna de la variedad.

Torrontés

Gran esperanza de la uva blanca en Argentina, la variedad torrontés produce blancos especiados, secos y refrescantes. Su cuna se sitúa en Galicia, en el noroeste de España, donde todavía se encuentra en los vinos blancos de Ribeiro.

Verdelho

Esta variedad portuguesa ocupa el centro del escenario en Australia, donde con ella se elaboran vinos secos de mucho cuerpo, vibrantes e intensos, en especial en el valle del Hunter, en Nueva Gales del Sur, y en algunas de las regiones australianas más cálidas. De hecho, a veces se considera la uva blanca clásica de McLaren Vale, en Australia meridional.

Viognier

Hasta hace poco, esta embriagadora y aromática variedad de escasa productividad procedente del norte del Ródano tuvo poca competencia, pero están surgiendo notables contrincantes de las bodegas de los nuevos países productores, desde California hasta las áreas más frías de Australia. Sin embargo, en un sentido espiritual, su patria siempre será el Ródano, Condrieu, de donde proceden sus aromas de flores y ciruelas.

Ugni blanc (trebbiano)

No es la más atractiva de las uvas, pero está tan extendida que no puede ser ignorada. Está presente en el *vin de pays* (vino de la región) de las Côtes de Gascogne y del Languedoc. En Italia, con el nombre de trebbiano, produce blancos neutros: Soave, Frascati y Orvieto. Por su falta de sabor, se suele utilizar en mezclas y, destilada, se emplea para obtener coñac.

abajo La uva pinot blanc es una mutación blanca de la pinot gris y produce toda clase de vinos, desde el muy seco al suntuosamente dulce.

Las grandes uvas tintas

Cabernet sauvignon

Posiblemente la uva más famosa del mundo, la cabernet sauvignon se cultiva casi en todas partes donde hay viñedos.

¿Dónde se cultiva?

Partiendo de su poderosa base en Burdeos, donde casi siempre se mezcla, ha sido adoptada por otras regiones de Francia y ahora está implantada en gran parte del mundo vinícola. A veces su vino se mezcla con otros procedentes de variedades diferentes, así como con variantes de la misma familia, mientras que en ocasiones se embotella como varietal puro.

¿Qué sabor tiene?

Incluso incorporándole una buena cantidad de otras variedades y sometiéndola a cambios de suelo y de clima, la cabernet sauvignon se las arregla para mantener su carácter: un cabernet se puede reconocer a cincuenta pasos por su potente aroma a grosella negra. Naturalmente, hay mucha diversidad: Australia y Nueva Zelanda, por ejemplo, ponen en su cabernet más énfasis en los aromas suaves y avainillados unidos a los frutales, mientras que Chile opta por los sabores a ciruela y grosella negra, y California desarrolla un prodigioso estilo totalmente peculiar. Incluso el Líbano quiere unirse a estos países.

Merlot

Grasa, jugosa y sin exceso de tanino, la Merlot tiene un atractivo universal.

¿Dónde se cultiva?

Los aficionados al vino suspiran cuando se menciona la merlot en la orilla derecha de Burdeos. Sus máximos logros se centran en Saint-Emilion y Pomerol, donde se producen vinos de alta calidad con precios asimismo altos, que empujan a los cultivadores de todo el mundo a esforzarse y a duplicar sus intentos. Sigue siendo todavía la variedad de uva más plantada en Burdeos, donde suaviza las notas agudas del cabernet sauvignon.
Se cultiva abundantemente en el sur de Francia para elaborar vinos del país y se desarrolla muy bien en Sudáfrica, Australia y Nueva Zelanda. En los últimos años, la merlot también ha experimentado subidas y bajadas en Estados Unidos, donde ha llegado a ser la respuesta tinta a la blanca chardonnay.

¿Qué sabor tiene?

A cerezas negras, grosellas negras, ciruelas, vainilla, *toffee* y especias; en Estados Unidos, la merlot presenta bastantes diferencias, con

izquierda Con su aroma a grosella negra instantáneamente reconocible, las uvas de cabernet sauvignon constituyen hoy en día la base de muchos tintos importantes.

izquierda Aunque difíciles de cultivar y a veces productoras de vinos decepcionantes, las uvas pinot noir se desarrollan con éxito en California y Nueva Zelanda, así como en Borgoña, su lugar de origen.

gran riqueza en taninos y aroma a frutas compotadas. También a los chilenos les gusta mucho esta uva, a la que extraen suaves aromas a ciruela, como lo hacen asimismo en Argentina.

Pinot noir

Es una auténtica hechicera. Incluso los bebedores de vino más conservadores le dedican adjetivos florales, y es el Santo Grial para muchos vinicultores.

¿Dónde se cultiva?

Su mejor emplazamiento es la Côte d'Or de Borgoña, donde se hace más perfumada y exótica con la edad. En Francia, otras áreas de cultivo de esta uva incluyen la región del Loira, Alsacia y, naturalmente, Champagne, donde se utiliza como vino de mezcla en los espumosos. Fuera de Francia, en Alemania y en Rumania ha logrado un discreto éxito, pero desde luego no es la uva más fácil de cultivar. Es de hollejo fino y maduración temprana, más sensible al clima que la mayoría de las variedades (si hace demasiado frío, el vino queda desleído; con demasiado calor, se obtiene una mermelada), pero una pinot noir en un clima idóneo es única. En varias de las nuevas zonas vinícolas todavía se está experimentando, y ya se ha obtenido alguna recompensa en ciertas áreas de la costa central de California, con buenos resultados alrededor de Los Carneros. Oregón está pasando una buena racha con esta uva, mientras Nueva Zelanda ofrece la producción más importante del hemisferio sur.

¿Qué sabor tiene?

En su mejor momento, la pinot noir combina una gama de aromas y sabores afrutados –rosas y frambuesas, cerezas y arándanos, trufas y caza bien manida– con una textura extraordinariamente sedosa.

Syrah (shiraz)

La syrah, conocida como shiraz en Australia, es otra variedad de uva con enorme personalidad y cargada de aromas, de la que se obtienen vinos de categoría mundial.

¿Dónde se cultiva?

Tiene su cuna al norte del Ródano, donde se elaboran dos de los mejores tintos del mundo: el Hermitage y el Côte Rôtie. Es la variedad tinta más plantada en Australia, y sobresale en regiones como el valle de Barossa y el valle de Eden. En California tiene entusiastas partidarios. Sudáfrica está lanzándose a cultivar esta variedad, pero todavía no pasa de los inicios. Otros países de Europa –como Italia y España– también lo intentan, mientras Sudamérica y Nueva Zelanda están empezando a sobresalir.

¿Qué sabor tiene?

Tiene sabores frutales –a grosella negra, a ciruela damascena, a ciruela negra– unidos al aroma de una bocanada de humo, una nota de chocolate y eventualmente un insinuado perfume de violeta. Su general viveza implica que se acomode bien con otras variedades, como la garnacha, más dulce, y la mourvèdre, más oscura, tal como se hace al sur del Ródano. En Australia combina bien con la cabernet sauvignon con sabor a grosella negra, pero brilla por sí misma por su nariz a chocolate, vainilla y melaza.

Otras uvas tintas importantes

Barbera

Es originaria del noroeste de Italia, país en el que rivaliza con la sangiovese por ser la uva tinta más plantada. Su contenido tánico es bajo y su acidez, elevada. Cuando se cultiva para obtener grandes rendimientos, produce vinos ligeros, brillantes y afrutados. Si se reduce la producción (tal como se hace en las principales bodegas del Piamonte), se obtienen unos vinos de intensa riqueza afinados por el roble. También se cultiva en Argentina y California.

Cabernet franc

Aunque no lo parece, es pariente de la cabernet sauvignon. Cuando se cultiva en su clima frío ideal, el vino de cabernet franc es muy ligero, con un frescor herbáceo. En Burdeos se mezcla con vinos de merlot, y prospera en el valle del Loira. Se cultiva extensamente en el norte de Italia, en particular en Friuli y Alto Adigio, y también se revela muy prometedora en el estado de Washington y en la Costa Norte de California. En Sudáfrica y Australia también se están logrando éxitos notables con esta variedad.

Dolcetto

La cuna de esta uva de nombre musical es el Piamonte; se trata de una alternativa baja en acidez a la variedad barbera. Las uvas tienen un color morado vivo y su aroma recuerda las ciruelas. El vino obtiene su plenitud al cabo de uno o dos años, por lo que algunos productores lo dejan envejecer en botella durante cierto tiempo antes de comercializarlo.

Gamay

No todo el mundo sabe con qué uva se elabora el beaujolais nouveau. Se hace con la gamay, que resulta excelente para conseguir vinos ligeros. Esta cepa da abundancia de fruta jugosa y, además, es baja en tanino. Los productores de beaujolais someten a la gamay a la fermentación por maceración carbónica, una técnica ampliamente adoptada (véase página 159). Los *crus* de Beaujolais (entre ellos los de Morgon) son buenos vinos, capaces incluso de soportar un cierto envejecimiento.

Garnacha

La garnacha es la cepa de uva tinta más extendida en España. Se cultiva también en extensas zonas del sur de Francia y en Cerdeña, así como en California y Australia. Los mejores vinos de garnacha son de color claro y tienen un rico aroma a frambuesa. Sus vinos refuerzan los de Rioja, donde se mezcla con los de tempranillo, y son la base de los vinos dulces del sur de Francia (*vins doux naturels*) de Banyuls y Maury.

izquierda La garnacha es una de las variedades más plantadas en todo el mundo. Da lugar a vinos con cuerpo y estructurados, pero también a otros más populares allí donde se suele beber vino a diario.

arriba Más conocida por los vinos californianos de color rosado pálido, con la variedad zinfandel se elaboran también tintos secos intensamente aromáticos y muy refinados.

Malbec

Es la gran uva tinta argentina. Se encuentra también en el sudoeste de Francia, Australia, California, Sudáfrica e Italia. Desempeña un papel secundario en los *coupages* de los vinos de Burdeos y adquiere protagonismo en los tintos carnosos de Cahors. Pero es Argentina el país que saca el máximo partido de esta variedad, con tintos maduros de suntuosa textura y aroma a ciruela.

Nebbiolo

Es la variedad de uva con la que se elaboran los tintos finos de Barolo y Barbaresco en la región italiana de Piamonte. Contiene una gran cantidad de tanino, de modo que necesita unos años para suavizarse, pero la espera se ve recompensada. Estos vinos varietales ofrecen un maravilloso despliegue de aromas y sabores (brea y rosas son dos de sus notas clásicas). Fuera de Italia, Australia está realizando serios intentos con esta cepa, y ya se han logrado éxitos ocasionales en la costa central de California.

Pinotage

La pinotage es un cruce creado en Sudáfrica entre la pinot noir y la cinsaut (variedad del sur de Francia), pero hoy día no está en su mejor momento. Lo peor, entre otras muchas cosas, es que huele como quitaesmalte de uñas. Pero en manos de un vinicultor experimentado puede producir un buen vino generosamente afrutado, con aromas a ciruela, grosella y plátano.

Sangiovese

Decir sangiovese es como decir Italia. Constituye la base de los chianti y los brunello de Montalcino, así como de toda una gama de elegantes vinos toscanos y "supertoscanos" (véase página 111). Con esta uva se obtiene un vino con aroma a tabaco y a piel de cereza con notas finales de ciruela, café, cuero e incluso té. Hace buena pareja con otras variedades como la cabernet sauvignon y la merlot, y gusta del roble nuevo. California está también logrando éxitos.

Tempranillo

Es la mejor uva tinta española. La variedad principal de La Rioja, se cultiva también en muchas otras regiones vinícolas españolas (Ribera del Duero, Toro, La Mancha y Penedés, entre otras), a menudo distinguidas con su propia denominación. Los vinos producidos con tempranillo ofrecen deliciosos aromas a frambuesa, caramelo y especias cuando son jóvenes, pero poseen también un gran potencial de maduración y hacen un maridaje perfecto con el roble. Ha arraigado en California y Oregón, y da buenos resultados en Argentina.

Zinfandel

Los californianos han reivindicado la "zin" (así es como llaman a la zinfandel) como su cepa nacional, pero en realidad está estrechamente relacionada con las uvas primitivo, una variedad poco conocida originaria de Italia meridional. En California se han obtenido grandes logros con esta uva; en sus mejores condiciones, produce tintos poderosos con aroma a cerezas maduras, pimienta negra, ciruelas y moras silvestres. También se elaboran vinos rosados bastante insípidos, e incluso un vino de postre al estilo de los de cosecha tardía.

El estilo de los vinos blancos

"No sé mucho de vinos, pero sé lo que me gusta." Es habitual oír comentarios como éste, e incluso posiblemente los habrá hecho usted mismo alguna vez. Este capítulo constituye una aproximación al estilo de cada vino.

arriba Un chardonnay cremoso, sin permanencia en roble, y un afrutado sauvignon blanc son vinos refrescantes y con suficiente cuerpo como para tomarlos solos.

Vinos blancos secos, ligeros y frescos

Los blancos frescos y muy secos son perfectos cuando hace calor, y magníficos para acompañar una fuente de marisco. No son especialmente complejos; de hecho, por sí mismos pueden resultar incluso un poco aburridos. Por lo tanto, no es extraño que haya quien opte por añadirles un chorrito de jarabe de casis si los toma como aperitivo, o bien un poco de soda para hacer un *spritzer*. Para acompañar la comida, los blancos frescos y de sabor directo son ideales: sus aromas neutros no entran en competencia con los aromas culinarios e incluso facilitan la digestión favoreciendo la eliminación de grasas de los platos que las contienen en exceso. Incluso una preparación al curry se aviene con estos blancos limpios y frescos, mientras que cualquier otro vino se perdería entre las aromáticas especias (pero es preferible la cerveza). Además, como los aromas no son muy potentes, se pueden enfriar sin que pierdan calidad.

¿Cuáles son los mejores?
En Francia, los de áreas como Entre-deux-Mers y otros vinos sencillos de Burdeos. O en el Loira, el muscadet. De Borgoña hay que considerar el chablis básico sin permanencia en roble y el maçon blanc, además del aligoté. En el este de Francia están los silvaners y los pinots blancs de Alsacia y, en el sur, los Côtes du Rhône (aunque muchos de ellos entran en la categoría de los vinos blancos de medio cuerpo).

En Italia, los soave, verdicchio, pinot grigio, orvieto secco y frascati son vinos blancos frescos y de sabor directo. También lo son la versión italiana del pinot blanc (pinot bianco), vermentino, malvasía, trebbiano, los blancos de Lugana e incluso el chardonnay del Alto Adigio (a los italianos les gustan los blancos bastante neutros). Tampoco hay que olvidar Sicilia, que produce abundantes vinos blancos secos, frescos y fáciles de beber. Y siempre se debe contar con España: la mayor parte de los vinos blancos españoles entran en esta categoría. Especialmente buenos son los de Rueda y Galicia. También cabe destacar el vinho verde portugués.

Vinos blancos de medio cuerpo, estructurales y cremosos

Estos vinos tienen un toque más aromático y un paladar más voluminoso y cremoso, y son algo más atractivos que los anteriores.

¿Cuáles son los mejores?

El sauvignon blanc de Nueva Zelanda, especialmente el de Malborough, es una buena elección entre los blancos estructurados. De hecho, lo sería el Sauvignon Blanc de muchos lugares: Sudáfrica produce una versión especialmente bien estructurada y algo mordaz, mientras que la de Chile es mucho más suave aunque bastante aceptable. El Loira produce un Sauvignon Blanc con notas minerales y de humo en Sancerre y Pouilly-Fumé, pero también hay que contar con los mejores chenin blanc de la región, que adquieren ciertas notas de miel cuando se les otorga un poco de envejecimiento.

El chablis entra en la categoría de los vinos cremosos, es decir, en los estilos más ricos y cremosos de las mejores áreas, junto a otros borgoñas blancos, como un elaborado Maçon-Villages. Por lo general, el vino de chardonnay es un buen blanco cremoso, de medio cuerpo, siempre que no haya estado en contacto con madera de roble, pues en barricas de roble adquiere mucho cuerpo (véase más adelante). En otras zonas de Francia hay que tener en cuenta los blancos más poderosos y cálidos del sudoeste, como el jurançon sec y ciertos *vins de pays* del Languedoc.

La mayoría de los países productores de vino tienen blancos de medio cuerpo, incluso Inglaterra (una de las variedades que merecen consideración es la bacchus, fuerte y algo mordaz). Probablemente Italia produce los blancos con menos carácter de esta categoría, salvo cuando están pensados para acompañar la comida: los mejores vinos de las áreas mencionadas más arriba tienen algo más de peso en boca y, por tanto, se pueden incluir en esta sección de blancos de cuerpo medio. También los tiene España: los mejores de Rueda son muy atractivos, y la variedad de uvas verdejo, utilizada como principal, puede producir vinos sorprendentemente estructurados y serios. También se encuentran blancos de medio cuerpo en Somontano y el Penedés. Las variedades originarias de Portugal, de nombres algo altisonantes,

abajo Empareje los intensos aromas de la cocina provenzal con un excelente blanco, como por ejemplo un sémillon madurado en barrica, o beba un buen rosado, como hacen los habitantes de la región.

entran también en la lista de blancos medios, como la mayoría de los vinos de Europa Oriental, Hungría en particular.

En América del Norte, las variedades pinot gris y chardonnay de áreas de la costa oeste, como por ejemplo Oregón, entran en la categoría de los cremosos, igual que muchos blancos de Canadá. Se podría pensar que Australia, con sus importantes blancos madurados en roble, no merecería aquí ni una línea, pero cabe destacar el chardonnay cremoso procedente de sus áreas de cultivo de clima más frío (Tasmania y Adelaide Hills por citar dos).

Vinos blancos con mucho cuerpo, ricos, sabrosos y voluptuosos

Estos vinos son ricos y suculentos, cremosos y suaves, pero tienen una estructura sólida, como los elaborados con chardonnay y sémillon y envejecidos en barrica, o con marsanne y roussanne. La madera de roble desempeña un papel decisivo en la obtención de blancos con mucho cuerpo.

abajo El Château Pichon-Longueville-Baronin Pauillac preside los viñedos de Burdeos que, en sus suelos de grava, producen uvas para la elaboración de vinos blancos y tintos.

¿Cuáles son los mejores ?
En Francia, un gran blanco de Borgoña obtenido de una buena cosecha. Es el modelo de los buenos vinos de chardonnay de todo el mundo criados en barrica de roble: de California a Nueva Zelanda, Australia, Chile y Sudáfrica. Pero Australia puede atribuirse el mérito de haber reinventado la variedad chardonnay con marcados aromas a melocotón, albaricoque y mango, y con una nota de vainilla y caramelo. Incluso en los vinos de chardonnay australianos más baratos se perciben esos ricos sabores afrutados, a melón y melocotón, junto a la nota dulzona que proporcionan las económicas astillas de roble tostadas que se le incorporan durante la fermentación.

Los vinos de chardonnay adquieren un carácter cítrico en Chile; son más cremosos los de Argentina, y más densos y pesados los de California. Italia elabora muy bien los vinos de chardonnay, especialmente en Toscana. También destacan los españones de Costers del Segre.

Al margen de los chardonnay, Australia se adelanta a otros países con una serie de blancos con cuerpo, desde los elaborados con marsanne en Goulburn Valley a los obtenidos con sémillon en el valle del Hunter, ambos voluptuosos y con notas de miel, especialmente si se conservan embotellados.

También en Graves, en los alrededores de Burdeos, en particular en Pessac-Léognan, sémillon y sauvignon blanc se mezclan con autoridad. Merecen asimismo una ojeada los nombres más importantes del Ródano, que tienen como base las variedades marsanne y roussanne, y no hay que olvidar el rioja blanco, elaborado con la uva viura. Finalmente, es indispensable pensar en Austria, en los vinos elaborados con la grüner veltliner, su uva autóctona, sobre todo aquellos que hayan permanecido embotellados unos años.

Vinos blancos aromáticos, fragantes y afrutados

Exponentes del perfume del vino –aunque es cierto que no gozan de la preferencia de todo el mundo–, los vinos blancos aromáticos no son para beberlos de un trago, pero

arriba Hungría elabora toda una serie de blancos secos aromáticos con variedades como la irsai oliver, la furmint y la zenit.

constituyen grandes aperitivos y combinan muy bien con ciertos platos.

¿Cuáles son los mejores?

La reina de las variedades de uva aromática es la gewürztraminer: evoca las delicias turcas (*rahat lokum*, un dulce oriental), rosas cubiertas de rocío y lichis frescos. Con ella se elabora vino en todo el mundo, pero el mejor es el de Alsacia.

Otra gran variedad es la riesling, aunque ahora se ve desplazada por la liebfraumilch. Alemania todavía elabora el mejor riesling, y Alsacia le pisa los talones. Alsacia es también la cuna de toda una serie de variedades llamativamente aromáticas, como la muscat, una de las uvas más fragantes, que ahora se cultiva en muchas zonas del mundo vinícola. Como alternativa menos floral cabe citar la riesling australiana: aunque sus vinos tienden a tener menos presente la nota de gasolina, hay más aromas punzantes de lima.

La viognier es otra uva que escala asombrosas alturas en la gama aromática: su cuna es Condrieu, al norte del Ródano, donde los viticultores la cosechan tardíamente y obtienen de ella vinos suntuosos y complejos, con sorprendente persistencia en boca. California también ha conseguido producir vinos aromáticos y afrutados con su propia versión de la viognier, aunque con niveles de acidez más bajos.

También se puede buscar en el extremo noroeste de España, en Galicia, donde se elaboran fragantes vinos blancos de gran personalidad con la variedad albariño. Asimismo, Argentina está dándose a conocer por méritos propios con los vinos obtenidos de la torrontés, su variedad "autóctona", especiada y almizclada. Por otro lado, Hungría produce toda una serie de blancos secos aromáticos, elaborados con variedades como la irsai oliver.

El estilo de los vinos tintos

No hay que preocuparse si se aprecia un sencillo beaujolais, pero no cierta botella de tinto húngaro especial que se ha recibido como regalo. El mundo del vino es amplio y cada cual encontrará su propia forma de disfrutarlo.

Tintos ligeros, afrutados, suaves y jugosos

En otras palabras: vinos fáciles de beber. Poco tánicos, muy afrutados y de color relativamente pálido. A veces se prefiere limitarse a lo ligero. En esta categoría se incluyen algunos vinos obtenidos con la variedad gamay, algunas pinot noir y la cabernet franc del valle del Loira –de Anjou y de Touraine–, así como los valpolicellas, chiarettos y bardolinos, todos ellos envueltos en aromas de cereza. Hay que buscar tintos de regiones predominantemente productoras de vino blanco, como el Loira, y de países como Alemania (Wurtemberg), Austria y Suiza.

¿Cuáles son los mejores?

Beaujolais y las denominaciones que engloba son el punto de partida más obvio para buscar tintos afrutados y ligeros, como el Moulin-à-Vent. Se elabora con la uva gamay y es tan ligero que casi se podría confundir con un vino blanco (y en algunos casos se puede servir casi igual de frío). Pero no trate de conservarlo más allá de unos pocos meses porque sus notas frutales van decayendo hasta desaparecer. Bébalo joven, acompañando la comida o solo. Côtes du Rhône también produce algunos tintos suaves y jugosos.

Casi cualquier vino tinto del Alto Adigio italiano tendrá un bonito color pálido, y al otro lado de las montañas se puede elegir un dolcetto del Piamonte. El lambrusco, que suele ser de aguja, será el tinto ligero ideal para aquellos a quienes les gusten las burbujas. Es poco conocido el vinho verde tinto de Portugal, pero lo que sí es imprescindible es echar una ojeada a las vastas planicies de La Mancha, Navarra y Valdepeñas, en España.

Los tintos de pinot noir, procedan de donde procedan, se pueden clasificar como suaves y jugosos, aunque cuando su sedoso perfume a frutas maduras, con marcado aroma de fresas, alcanza la cima de su grandeza, se deslizan en la categoría de los vinos de cuerpo medio, amplios y afrutados. El mejor pinot noir es el de Borgoña, seguido por el de California, en especial el que se produce en la región de Los Carneros y en regiones de la Costa Central, como Santa Bárbara y Santa Ynez. También los hay muy buenos en Oregón y en Chile. En el otro lado del globo, los vinos de pinot noir de lugares como Martinborough y Marlborough, en Nueva Zelanda, son por lo general agradablemente suaves y afrutados, aunque algunos tienen peso suficiente como para catalogarlos en la próxima sección.

Tintos de cuerpo medio, completos y afrutados

Estos vinos se encuentran en la mayor parte de Europa. Hacia el sur, hacia el sol, la mayoría de los tintos son vinos extraordinarios, de cuerpo entero. En el hemisferio sur, las áreas de cultivo de la vid se extienden en climas más fríos, donde un tinto de cuerpo medio es una proeza factible (son un ejemplo los pinots noirs).

Se puede añadir a esta lista la mayoría de los tintos suaves y afrutados citados más arriba, siempre que se elija el productor adecuado: el que haya conseguido, para sacar el máximo partido de sus uvas, elegir con cuidado el emplazamiento de sus viñedos y estar pendiente del tiempo.

¿Cuáles son los mejores?

Para tintos de cuerpo medio, no hay que descartar Burdeos: sólo hay que limitarse a las etiquetas menos importantes y estar atento a la cosecha (1990 y 1995, por ejemplo, fueron muy buenas cosechas que produjeron vinos poderosos. Véase también la página 72). Ciertas subregiones, como Margaux, tienden también a elaborar estilos más ligeros, de cuerpo medio.

La mayoría de los vinos elaborados con merlot se sitúan cómodamente en la categoría de los tintos plenos y frutales, de cuerpo medio. Esta uva suave se cultiva en todo el mundo, aunque los potentísimos merlots de California se sienten más en su sitio en la categoría de grandes tintos que viene a continuación.

página anterior Los tintos jóvenes y los que proceden de las principales áreas productoras de vino blanco tienen un delicado aroma frutal. Son perfectos para beberlos solos o servirlos con un almuerzo al aire libre.

abajo La consistente cocina francesa pide para acompañarla una copa –o una botella– de vino con un cierto atractivo y un aroma pleno y frutal.

También hay que incluir los vinos de syrah del norte del Ródano y los de garnacha del sur del mismo río. Los suelos graníticos septentrionales fomentan una nariz importante, plena y frutal, pero los niveles de acidez siguen siendo altos, lo que aligera los productos considerablemente. Más hacia el sur, los tintos de Provenza y de pequeñas denominaciones cercanas del norte, el sur y el oeste podrían llevar también el distintivo de cuerpo medio, aunque –como se ha dicho– los mejores productores hacen subir sus vinos a la categoría siguiente.

Italia produce muchos vinos tintos de cuerpo medio, incluidos los elaborados con las variedades barbera, nebbiolo, teroldego y sangiovese. Chianti también entra en esta categoría, aunque cuanto mayor es la calidad, más vinos caros suben a la categoría siguiente. En el norte –en Trentino y Friuli–, con cepas que suelen producir vinos de cuerpo entero, como la cabernet sauvignon, por lo general no se consiguen más que tintos de cuerpo medio. En España, busque los riojas más jóvenes: joven o crianza. En Europa Oriental, muchos tintos nunca consiguen más que un cuerpo medio, pues de otro modo dejan de ser rentables.

Vinos tintos de gran cuerpo y estructura

Éstos son los reyes de los vinos. Un tinto de cuerpo entero es una bocanada carnosa, rica en aromas, que hace que los otros vinos parezcan insulsos en comparación. Por lo general, estos vinos se producen en las regiones más cálidas y de los viñedos más viejos, y tienen que envejecer en barricas de roble, de modo que tienden a ser más caros que los otros. En manos de un experto, cuando se dan buenas cosechas, muchos de los vinos de la categoría de medio cuerpo pueden llegar a tener bastante nervio y estructura, y pasar a formar parte de los grandes tintos.

¿Cuáles son los mejores?

Los vinos de cabernet sauvignon, una cepa que se ha extendido por todo el mundo, encabezan los grandes tintos. Ahora bien, su cuna es Burdeos, donde como parte de una mezcla puede producir vinos de cuerpo entero en todo el espectro de calidad. Los mejores entre todos los cabernet se pueden encontrar en California, en el valle de Napa, donde tienen un elevado contenido alcohólico y un gran aroma, con precios acordes. En el norte del Ródano se elaboran muchos

izquierda Cosecha de las uvas gamay en Juliénas, una población de Beaujolais; es el primer paso para obtener uno de los mejores vinos de la región, pleno de aroma de cerezas y melocotones.

tintos robustos que tienen como base la variedad syrah; también con la australiana, denominada shiraz, se obtiene este tipo de vino, especialmente en Barossa y en McLaren Vale.

Cultivadas en el suelo y el clima adecuados, muchas uvas tintas pueden ser muy potentes. Aquí se incluyen la rica zinfandel californiana con aroma a ciruelas, la robusta mourvèdre (cuando se cultiva en Bandol) y la tempranillo de las regiones situadas en la cima de la producción de vino tinto en España: Ribera del Duero y Rioja (con los grandes reservas). Sin embargo, España está obteniendo también una selección creciente de tintos carnosos en las áreas vinícolas más recientes, como Toro y Priorato. También Portugal tiene su cupo de grandes tintos: los del Duero, elaborados con las variedades clásicas del oporto, y los tintos de Bairrada y Dao. Y no hay que excluir a Grecia; una marea creciente de pequeños productores está obteniendo sabrosos tintos herbáceos.

Fuera de Europa, los tintos de cuerpo entero se convierten en la norma, desde Argentina a Chile, de Australia a Sudáfrica, y en California.

Los vinos rosados

El rosado no suele ser dulce, como podría sugerirlo el color. En los bares de Pamplona, por ejemplo, se suele beber vino rosado. La famosa ciudad de los encierros está en el corazón de Navarra, una de las regiones españolas que más vino rosado producen. Elaborados principalmente con la variedad garnacha (grenache), estos vinos son como una bocanada de aroma de fresas junto a una agradable acidez: fantásticos para acompañar unos tacos de jamón curado, y excelentes con muchos tipos de comida.

No son vinos complejos, pero es posible elaborar un rosado serio: unos cuantos productores lo han intentado, aunque por lo general la gente no está dispuesta a pagar mucho por un vino rosado.

En verano, el rosado es una gran bebida de cada día y acompaña bien las barbacoas.

¿Cuáles son los mejores?

Un buen sitio para empezar a buscar rosados es el sur de Francia. La Provenza es la cuna del rosado francés, y existen muy buenos ejemplos elaborados con uvas como la mourvèdre y la garnacha. También en Burdeos se crea algún buen rosado, que allí se llama *clairet* (clarete). Otras regiones esparcidas por el país producen tintos tan pálidos que podrían tomarse por rosados: la variedad poulsard en el Jura y la gamay en Beaujolais constituyen dos ejemplos. En la región del Loira se elaboran rosados dignos de mención, no el bastante azucarado rosé d'Anjou, sino los rosados de Sancerre, en conjunto más elegantes.

Dejando aparte Francia y España, cabe considerar los rosados de Chile y Argentina. Sudáfrica y Australia también producen alguno.

izquierda En todo el mundo se elaboran vinos tintos de buen cuerpo repletos de complejas familias aromáticas, muchos de ellos a partir de la variedad cabernet sauvignon, cultivada por doquier.

El estilo de los vinos espumosos

izquierda Desde una copa de Buck's Fizz por la mañana el día de Navidad hasta el brindis por unos recién casados, el champagne sigue siendo en todo el mundo el vino elegido para las ocasiones especiales.

No hay nada mejor que un vino espumoso para crear un ambiente festivo. Y no hay nada como el champagne de la mejor calidad si de lo que se trata es de levantar el ánimo. El champagne es todavía el vino espumoso número uno a escala mundial, aunque existen cada vez más aspirantes al trono: productores de Tasmania están intentando elaborar un competidor que esté a la altura, del mismo modo que algunos de la cercana Nueva Zelanda y unos cuantos entusiastas de los valles costeros de California, siempre cubiertos por la niebla. Incluso en Inglaterra se pueden llegar a producir buenos espumosos (cuando el tiempo lo permite).

¿Cuáles son los mejores?

Los mejores vinos espumosos se elaboran en climas fríos, y la mejor de todas las áreas es Champagne. Al este de París, es la más septentrional de las regiones vinícolas de Francia. Las uvas –pinot noir, chardonnay y pinot meunier– pugnan por madurar en las cinco áreas de cultivo (la mejor es Montagne de Reims), aunque sólo lo consiguen plenamente en años excepcionales. Para lograr tan extraordinarios resultados, los vinicultores aplican la llamada *méthode champenoise*: mezclan con talento vinos de diferentes años, y después dejan que las levaduras potencien los aromas durante el envejecimiento del champagne en las bodegas subterráneas de yeso.

Cada productor tiene su propio estilo. Si le gustan los champagnes muy aromáticos, busque uno con un porcentaje elevado de pinot noir o pinot meunier en la mezcla, o sólo de uvas negras (blanc de noirs). Si los prefiere ligeros y cremosos, opte por un blanc de blancs, elaborado con un 100 % de chardonnay.

Eso no quiere decir, ni mucho menos, que todo el champagne sea excelente. De hecho, los más baratos (que no incluyen los *millésimés* o *vintage*, cosecha) son muchas veces agresivamente ácidos, y semisecos y dulces pueden llegar a resultar empalagosos debido al excesivo añadido de azúcar. Los mejores son aquellos en los que está indicada la fecha de la cosecha, que se han dejado envejecer y han revelado sabores de fruta cremosa y mantecosa, de nuez.

Preste atención a las diferentes añadas: algunas son muy ricas (como la de 1990), y otras, mucho más ligeras (como la de 1992). Quien no quiera derrochar con un champagne *millésimé*, ni siquiera con el mejor de los que no entran en esa categoría, podrá empezar a considerar otras regiones de Francia que producen buenos espumosos por una fracción del precio del champagne, en especial los del valle del Loira (crémant de Loire), de Borgoña (crémant de Bourgogne) y de Alsacia (crémant d'Alsace). Diríjase hacia el sur y se verá recompensado con otros espumosos interesantes, como el crémant de Die, el mousseux de Gaillac y la blanquette de Limoux.

Alemania y Austria elaboran buenos espumosos denominados *sekt*, pero en realidad es Italia el siguiente punto a considerar en cuanto a estos vinos. Algunos de ellos se elaboran al estilo del champagne, pero en su mayoría son espumosos con bajo contenido alcohólico, basados en la variedad moscatel dulce, como el moscato d'Asti (situado un escalón por encima del más familiar asti spumante) y el lambrusco tinto o blanco. También está el prosecco, una especialidad del Véneto, ligero y refrescante.

Si lo que se desea es algo más suave, no tan austero, valdrá la pena considerar el cava de Cataluña, en el norte de España: abundancia de levaduras, de fruta con aroma a manzana... Se trata de un valor sólido.

En cualquier país productor de vino se pueden elaborar espumosos, pues técnicamente se puede emplear cualquier variedad de uva. En Australia se hacen vinos espumosos incluso con shiraz, cabernet sauvignon y garnacha, pero siguen teniendo mucho más éxito las mezclas que se aproximan más al estilo del champagne.

Los siguientes dos mejores países o regiones productores de vino espumoso después de Champagne son California y Nueva Zelanda. De hecho, los elaboradores de Champagne han estado invirtiendo en la producción de vinos espumosos en estos dos sitios. Ahora bien, los vinos resultantes son bastante distintos: fruta estival con aroma a melocotón en California; fruta con aroma a cítricos en Nueva Zelanda. Y la mejora de la calidad de unos y otros da bastantes quebraderos de cabeza a los champañeses.

Sudáfrica también lo está intentando con empeño con su método *cap classique*, pero los resultados son muy variables.

abajo Girar con regularidad las botellas y darles ligeros golpecitos, mientras se inclinan progresivamente con el cuello hacia abajo, es una tarea laboriosa pero esencial, realizada tradicionalmente a mano.
Conocido como *remuage*, el proceso ha sido mecanizado en casi todas las bodegas.

El estilo de los vinos dulces

El mejor tipo de vino dulce es el que se elabora con uva botrytizada, como procedimiento opuesto al que consiste en obtener su dulzor añadiendo azúcar: se deja que las uvas maduren por completo en la vid, en la medida de lo posible en condiciones de ligera humedad, y que después se sequen y literalmente se pudran. El proceso se denomina también podredumbre noble. El vino resultante es altamente concentrado y muy intenso, y alienta elaboradas descripciones: voluptuoso, con intensos brillos dorados, afrutado con aroma a melocotón y albaricoque, adornado con notas de miel y nueces.

Hay todo tipo de vinos dulces, muchos de ellos deliciosos. Aunque quizás no todos provoquen la admiración citada más arriba, son buenos compañeros para toda una gama de alimentos, tanto dulces como salados. Abarcan desde los moscateles de Valencia, con un delicado perfume a azahar, a los riesling de Oregón de cosecha tardía, con notas de hidrocarburos, y los almibarados beerenauslesen y trockenbeerenauslesen, los dulces alemanes y austriacos.

¿Cuáles son los mejores?

En el podio de los vinos dulces por excelencia están el sauternes y el barsac, de Burdeos, el punto de referencia de los vinicultores de todo el mundo. Son mezclas ricas y voluptuosas de uvas sémillon y sauvignon blanc, con intensos aromas de melocotón, piña, confitura de limón, caramelo y miel, y con una acidez equilibrada. Pero son caros.

Los hay más baratos, menos concentrados, y no a miles de kilómetros de distancia, sino en lugares como Loupiac y Monbazillac. Algo más lejos en dirección norte, en el Loira, se producen vinos dulces bastante originales de chenin blanc, por ejemplo en Vouvray. Hacia el este, Alsacia produce una atractiva colección de vinos dulces, desde los *vendange tardive* (cosecha tardía) a los *séléction de grains nobles* (selección de granos nobles), empleando una serie de variedades de uva que incluyen la pinot gris, la gewürztraminer y la riesling. Aunque son dulces (el *séléction de grains nobles* es el que más), por sus altos niveles de acidez acompañan perfectamente algunos de los sabrosos platos

de la región, en especial el *foie gras*. Mucho más al sur están los vinos dulces de Jurançon, elaborados con variedades de uva de nombre sonoro, como la gros manseng. Los viñedos de las alturas pirenaicas fomentan una marcada acidez que equilibra perfectamente el sabor frutal a piña y melocotón.

Por lo que respecta a Alemania, es preferible no intentar pronunciar (ni beber) con rapidez sus vinos dulces: el trockenbeerenauslese es intensamente dulce y el más caro; el beerenauslese es casi tan concentrado como el anterior; el auslese lo es menos. Los mejores de ellos se elaboran con riesling, y las uvas se dejan en la vid hasta el último momento, dentro de lo posible. Esto mismo sucede en la vecina Austria, aunque en ese país los vinos son incluso más grasos. Encontramos también el eiswein (vino de hielo), elaborado en ambos países (y también en Canadá) con uvas semiheladas muy maduras, las más dulces de todas. Los recolectores cosechan estas uvas en condiciones difíciles, la cantidad de jugo obtenida es minúscula y el vino resultante es caro, pero delicioso.

En Tokay, una región húngara, se producen vinos dulces asombrosos, con un sabor semejante al del jerez y un aroma a fruta ahumada. De nuevo la botrytis es la clave, aunque la tradición húngara es hacer un *aszú* (una pasta dulce) con todas las uvas afectadas por la podredumbre noble. Este *aszú* se deja fermentar en una barrica que contiene vino blanco seco para obtener diversos niveles de dulzura: el número de *puttonyos* (cestos que contienen la pasta) de *aszú* que se añaden al vino (de tres a seis) mide su riqueza y es el indicador de su dulzura final.

Italia tiene una larga tradición en la elaboración de vino dulce con uvas semisecas o secas. El recioto de Valpolicella es un tinto dulce envuelto por aromas frutales a ciruela y cereza; el vino santo de Toscana se elabora con uvas secadas previamente en desvanes.

Australia y Nueva Zelanda están obteniendo éxito con uvas afectadas por botrytis, aunque la podredumbre noble no se desarrolla igual de bien en los climas más cálidos y secos de las antípodas, de modo que, por lo general, la dulzura de los vinos se refuerza artificialmente y, en consecuencia, no envejecen tan bien.

arriba Los vinos de postre rara vez saben a uva. Por lo general sus aromas recuerdan el albaricoque, el melocotón o la piña, con una pizca de miel y a veces incluso un fondo de humo.

izquierda Los vinos dulces oscilan entre los baratos, de paladar agradable y delicadamente fragantes, y los voluptuosos, complejos y muy caros. Unos y otros se pueden beber solos o acompañando la comida.

El estilo de los vinos fortificados

arriba Jerez, Oporto y Madeira son los tres vinos fortificados clásicos, pero esta categoría abarca docenas de ellos.

Se trata de vinos encabezados, es decir, en cuya elaboración se añade alcohol vínico puro, e incluyen el jerez, el oporto, el madeira, el marsala, los muscats de Rutherglen, los muscats de Samnos, los tintos y blancos de Banyuls y Rivesaltes, y en Grecia el aciruelado mavrodaphne de Patrás. En otras palabras, un verdadero festín que en aromas abarca desde el salobre de masa fermentada de la manzanilla de Jerez al de pastel líquido muy dulce de los muscats de Rutherglen. Incluso se puede encontrar alguno que pueda acompañar el chocolate, y muchos combinan perfectamente con el queso.

España y Portugal

Fino y manzanilla: estos dos vinos jerezanos son los más secos de los vinos fortificados de todo el mundo. Son de color muy pálido y pobres en fruta, pero tienen aromas salobres, minerales y de levadura que combinan perfectamente con muchos alimentos. En España se beben en abundancia, y constituyen un elegante aperitivo.

Un fino envejecido se denomina amontillado; es un gran aperitivo, como lo son otros jereces muy secos, que responden al nombre de palo cortado y oloroso. Los dos tienen un delicioso sabor a frutos secos y altos niveles de acidez. Algo más de azúcar tiene el cream sherry, que tiende a potenciar los delicados aromas a frutas. No se debe confundir con el oloroso dulce, un delicioso y excepcional vino jerezano con gran riqueza en fruta. Pero el jerez de mayor intensidad es el que se elabora con la variedad pedro ximénez (PX), con uvas asoleadas. Es un vino oscuro, licoroso, con aroma a higo turco y pasas.

Otro de los grandes vinos fortificados del mundo, el oporto, procede de Portugal. En otros países han tratado de imitarlo (en Sudáfrica y en Australia), pero con poco éxito. Las uvas con las que se elabora el oporto (entre ellas las variedades touriga nacional, tinta barroca y tinta roriz) se cultivan en terrazas vertiginosas a lo largo de las orillas del río Duero, en el norte de Portugal. Los estilos de oporto abarcan desde el ruby básico y los oportos blancos bastante ásperos a los tawnies envejecidos en pipa (tonel con una capacidad de unos 630 litros), los single quinta (oporto de añada procedente de una sola finca *–quinta* en portugués– añejado dos años en pipa) y los excepcionales oportos *vintage*, envejecidos durante veinte años o incluso más.

El vino de Madeira también es notable, con una curiosa gama de aromas y sabores. Esta isla subtropical produce el vino más oxidado del mundo. Se calienta artificialmente (de ahí la palabra "maderizado"), el más barato en enormes cubas y los mejores en desvanes bañados por el sol. Las principales variedades de uvas utilizadas son la malmsey, la bual, la verdelho y la sercial. Los vinos de sercial son los más secos, con aroma de nueces o almendras, mientras que los de malmsey recuerdan el pastel de frutas.

Francia e Italia

También Francia produce una cierta cantidad de vinos fortificados, desde el pineau de Charente, con notas de miel, hasta los vinos tintos y blancos fortificados de Banyuls y Rivesaltes. El de Banyuls es uno de los pocos vinos que pueden combinar con el chocolate, y más de un chef francés ha creado sabrosas recetas para acompañarlas con ese vino. Y no hay que olvidar a su vecino, el maury estilo oporto, uno de los vinos dulces más famosos del Rosellón, que, como los banyuls, se elabora predominantemente con grenache noir (garnacha tinta).

Italia tiene el marsala. Es muy apreciado en la cocina como ingrediente, y también lo es en la mesa al finalizar la comida. El barato es bastante empalagoso, pero el buen marsala seco es suave, con notas de nueces y mantequilla.

Otros países

Los dos países del hemisferio sur que han intentado con ahínco conseguir vinos fortificados son Australia y Sudáfrica. Ambos producen vinos decorosos, estilo oporto, e incluso una especie de jerez (pero las ventas de este último han decaído en los últimos años). La región australiana de Rutherglen ha tenido especial éxito con su liqueur muscat fortificado. Los aromas a caramelo con notas de chocolate lo convierten en un fabuloso compañero del queso azul.

abajo Los madeira *vintage* no se declaran hasta que tienen al menos veinte años. Incluso entonces es mejor si se conservan unos años más.

Servir y disfrutar

Para una comida campestre, una barbaccoa o una cena elegante; para una cena entre amigas con sesión de vídeo; para acompañar la pizza del viernes por la noche; para la fiesta de la oficina; para impresionar a una nueva novia; para ofrecer a un invitado vegetariano... Hay un vino para cada ocasión, y no existen reglas estrictas para emparejar los alimentos y el vino. Algún vino tinto puede quedar bien con según qué pescado, e incluso hay vinos que se pueden saborear junto con el chocolate; y aunque hay alimentos que siempre resultan difíciles de emparejar, sólo requieren algo más de atención. Lo mismo es válido para la temperatura a la que se debe servir el vino: demasiado caliente, el vino sabe a mermelada; demasiado frío, se pierde la fruta. Estas palabras están dirigidas también a los restaurantes: los camareros no siempre tienen en cuenta todos los factores que influyen a la hora de recomendar o servir un vino.

Vinos para diferentes ocasiones

La elección del vino adecuado para la ocasión adecuada puede constituir la diferencia entre un buen rato y un momento maravilloso, además de resultar muy gratificante para el anfitrión.

arriba La Navidad es el momento de derrochar en una selección de vinos planeada con tanto cuidado como el que se dedica a elaborar el menú.

Navidad

Es un momento de excesos, de modo que conviene aligerar la carga: el salmón ahumado es recurrente en el menú navideño, y hace buena pareja, aunque poco habitual, con un bacchus de Inglaterra. Su aroma frutal a lima y a flores de saúco casa especialmente bien con la habitual salsa al eneldo. Para acompañar el pavo (o el ave elegida), pruebe un viognier con aroma de melocotón del Pays d'Oc o un atrevido pinot noir de Borgoña. Con los empalagosos postres navideños, un oloroso dulce es lo mejor. De hecho, los postres se pueden dejar de lado para limitarse a beber un buen vino dulce: un pedro ximénez de Jerez (o PX, tal como se lo conoce) o un liqueur muscat australiano. Y si estos son demasiado importantes para atreverse con ellos, siempre se puede elejir un banyuls del sur de Francia.

Nochevieja

Burbujas, burbujas y más burbujas. Empiece con una botella de calidad. Champagne de un buen productor y de una gran cosecha. No guarde lo mejor para el final: a media noche quizás ya habrá bebido demasiado para apreciarlo. Un auténtico hedonista seguiría con el champagne toda la velada, eligiendo un blanc de noirs para los platos más sustanciosos y luego un semiseco para el postre. O podría optar por un espumoso con clase de los nuevos productores: de Tasmania, Nueva Zelanda o California.

Una noche frente a la chimenea

En una noche de invierno, elija un gran tinto sabroso, con notas minerales y trufadas para acompañar un consistente y suculento estofado a las trufas: tintos de Bandol y Bairrada, amarone, cabernets de Europa Oriental y syrahs de los nuevos países productores. Para las especialidades norteafricanas invernales, como el *tagine*, elija un vino que resulte adecuado: un tinto aromático, cargado de especias, de Marruecos o del Líbano, un primitivo con aroma a ciruela del sur de Italia, o cualquier otra variedad especiada y original de esa región. En invierno, para abrir boca, opte por los vinos de Jerez más ricos; por ejemplo, un oloroso seco con notas de frutos secos.

arriba Una botella de dolcetto es un elegante acompañamiento para las hortalizas asadas.

Comidas al aire libre: un almuerzo campestre

Es importante pensar en el tiempo: evite un chardonnay afinado en roble o un shiraz con sabor a mermelada cuando hace calor. Busque un buen vino que vaya tan bien con la carne como con las fresas, por ejemplo un vino rosado de Navarra o cualquier otro. Si el día es húmedo y pegajoso, se necesitará algo muy fresco y neutro. Un vino que apague la sed será el más indicado: un pinot gris satisfará todos los requisitos, igual que los vinhos verdes de Portugal.

Comidas al aire libre: una barbacoa

El éxito depende de la habilidad del cocinero. Coloque la carne o el pescado en la parrilla mientras todavía haya llamas, y dé inicio a los brindis: con todo ese alboroto se beberá mucho vino. Espere hasta que las brasas se vuelvan blanquecinas antes de empezar a asar los alimentos y obtendrá los aromas dulces, pegajosos y suculentos de las parrilladas al carbón: para el buey, elija

abajo Sirva uno o dos vasos de vino mientras en la barbacoa se va asando la carne o el pescado

un shiraz; para el cordero, un zinfandel oscuro como la tinta o un ribera del Duero con nervio; para el pez espada, pruebe un chardonnay chileno adornado con notas de vainilla; para las hortalizas asadas, elija un dolcetto.

Noches de pleno verano

En verano la elección es fácil: un torrontés argentino con aromas florales; más económicos son el aligoté estilo borgoña y el riesling australiano, todos con aroma a limas y pomelos recién exprimidos. Rueda, en España, está produciendo algunos blancos cítricos muy frescos, y lo mismo hace Ribeiro. El vino de ambas localidades sentará muy bien en una noche calurosa de verano, o también un muscadet, preferentemente *sur lie*. Y pruebe un albariño, el mejor blanco del verde rincón noroeste de España. Si prefiere un tinto estival, piense en un beuajolais (mejor un *cru*) fresco.

Aniversarios

Para el primero, sirva champagne (con añada, desde luego). Del segundo año al noveno, siga con el espumoso, aunque no hace falta que sea un champagne con añada; adquiera una buena marca en un supermercado. El décimo año, descorche una botella sin añada pero de un buen productor. Para el vigésimo año, busque algo más añejo: una vieja botella de borgoña o de rioja, o un riesling maduro de Alsacia. A los cincuenta años hay que celebrar el medio siglo: vuelva al champagne con añada.

Cumpleaños

Descubra cuál es el vino favorito del homenajeado y elija uno de un buen productor (podrán ayudarle en una tienda especializada). Como último detalle, trate de encontrar un vino del año de su nacimiento. Si un burdeos o un borgoña añejos están fuera de su alcance, busque un oporto *vintage* del norte de Portugal.

Hay que pensar que los jóvenes por lo general no aprecian demasiado el buen vino, de modo que, si es el caso y dejando la cerveza de lado por el momento, se puede ofrecer alguno de los muchos vinos afrutados de los nuevos países productores, fáciles de beber y muy adecuados, desde los merlots a los chardonnays.

Bodas

El champagne es probablemente la elección más obvia. Pero como se puede llegar a hablar de un centenar de bebedores (o más), mejor será apostar por uno bueno sin añada. Y no hay que fijarse demasiado en el nombre; muchos buenos vinos espumosos de todo el mundo pueden satisfacer todos los requisitos: los mejores de los nuevos países productores, como los de Malborough, incluyen un burbujeante picante con notas de levadura; los de Nueva Zelanda son más efervescentes y con aromas de manzana y nueces de Tasmania, y los burbujeantes de Sonoma son elegantes y sabrosos. Otros espumosos más baratos son el moscato d'Asti y el prosecco del norte de Italia, además de los crémants franceses. También se puede optar por servir vino o manzanilla, o incluso vino rosado.

ANTES DE COMER

El jerez es una bebida que por desgracia no siempre se tiene en cuenta. El cream sherry puede ser en gran parte culpable. Este azucarado vino estilo jerez apreciado por las ancianas anglófonas no se bebe en España: allí se bebe jerez seco. Fino, manzanilla y los estilos más secos de amontillado y oloroso son bebidas fabulosas para el aperitivo. También está el kir: un chorrito de crema de casis puede animar y transformar un blanco neutro. El champagne activa los jugos gástricos como ninguna otra bebida, y también tienen este efecto los estilos más ligeros de vino de Alsacia.

DESPUÉS DE COMER

El vino dulce es el apropiado, aunque indudablemente sabe mejor solo o con algo salado –como el queso– que como acompañante de la mayoría de los pasteles. Muchos vinos dulces resultan deliciosos después de una comida, y los que tienen un buen punto de acidez (los de Alemania, Austria, el Loira o Jurançon) incluso pueden refrescar el paladar. También es el momento oportuno para servir los vinos fortificados dulces: oporto, jerez, madeira, liqueur muscat australiano, banyuls o muscats (moscateles) dulces del sur de Francia.

La cena

Si le han invitado a una cena y quiere llevar el vino, averigüe cuál es el menú y téngalo en cuenta para emparejarlo de modo adecuado (una cena a base de marisco y una botella de tinto tánico no forman el mejor de los maridajes). Si por algún motivo le resulta incómodo preguntar, busque algo fuera de lo corriente: un gran barolo del Piamonte, o un buen vino especiado del norte del Ródano, o uno de los mejores merlots con sabor a ciruela de Chile, o un sedoso pinot noir de California. Una media botella de algún vino dulce merecerá también una sonrisa: un buen sauternes o un monbazillac, o un riesling de cosecha tardía.

Cena íntima para dos

Un espumoso para empezar (de cosecha declarada, naturalmente), seguido por un borgoña añejo, y después una copa de vino de hielo (de Alemania, Austria o Canadá) en lugar de pastel; pero ésta es una lista de vinos de fantasía. La opción acertada y más económica sería media botella de manzanilla mientras se picotean unas almendras saladas y unas aceitunas, después un buen chablis para acompañar la langosta a la parrilla, y para acabar, un brandy calentado en la copa. Si lo quiere suave y abordable, elija uno español; si prefiere algo con un poco más de garra, opte por un cognac o un armagnac.

izquierda Naturalmente, desea lo mejor para el día de su boda. Y es más recomendable un buen vino espumoso que un champagne mediocre.

Cena con vegetarianos

Ahora los vegetarianos pueden beber vino con tranquilidad, pues muchos productores los tienen en cuenta. Efectivamente, el vino no es vegetariano, tal como se explica en el último capítulo. Durante el afinado (el proceso de eliminar partículas sólidas de los vinos ya elaborados) se usan productos animales: clara de huevo, caseína (la proteína de la leche), cola de pescado, sangre de buey y gelatina. Un número creciente de productores están utilizando agentes de afinado alternativos. En la tienda especializada en vinos de su localidad le orientarán.

abajo Los vegetarianos no tienen que abstenerse, porque cada vez se producen más vinos sin emplear productos animales.

Comida para llevar

Pescado con patatas fritas: el champagne, aunque parezca mentira, hace un maridaje ideal. La cauterizante acidez surca la grasa, que no consigue superar el sabor a frutos secos y las notas de levadura del vino. A falta de champagne, se puede probar un pinot blanc de Alsacia, limpio y fresco, o bien uno de los neutros, pero refrescantes, blancos italianos.

Pizza: parece reclamar un chianti o uno de los vinos de California de estilo italiano. Un chardonnay de cuerpo medio, sin demasiado sabor a roble, también cumplirá perfectamente el cometido.

Comida china: Alsacia es la preferida para este maridaje (en especial el gewürztraminer) o bien el riesling alemán. Si se prefiere un tinto, se tendrá que elegir algo ligero, quizás un beaujolais.

Finalmente, el curry: la cerveza es lo mejor, pero si prefiere vino, elija alguno aromático, como un muscat o un refrescante jurançon elaborado con gros manseng, o un marsanne, si quiere algo con más peso.

arriba Para tomar algo más ligero que un té al jazmín con un salteado chino, pruebe un vino alemán aromático.

Una noche en soledad

Beber solo no tiene por qué ser triste. Bueno, quizá no cada noche, pero con moderación, cuando dan una buena película por la tele, ¿qué podría ser más agradable? Tampoco es necesario beberse toda la botella: para eso están los sistemas de conservación del vino, como el Wine Saver y el VacuVin. Hacerse un ovillo frente a la chimenea con una botella de un merlot de los nuevos países productores, suave, frutal y jugoso, es una delicia; o con un aussie verdhelo maduro, de sabor fuerte y puntilloso y un plato de hortalizas asadas. Espaguetis a la carbonara y una botella de orvietto resulta también una buena elección.

Una cena en casa con los compañeros de trabajo

No se trata de ofrecer algo demasiado serio –hay cosas más importantes de las que hablar–, pero quiere impresionar un poco.

izquierda Dé un toque de fantasía a una cena a base de platos preparados para llevar añadiendo una copa de vino.

Para empezar, un marsanne joven o un chenin blanc sudafricano con aroma de lima. Un sauvignon-sémillon es también perfecto para beberlo solo. Después, con los espaguetis a la boloñesa, sirva un dolcetto, o un zinfandel especiado, con notas de pimienta negra y ciruelas.

La fiesta de la oficina

Empiece con espumosos: romperán el hielo. En invierno, un brut, limpio, seco y no excesivamente ácido. El cava es una buena solución, pero evite los más baratos, pues dejan un regusto herbáceo. Al margen de los espumosos, deberá buscar algo seco, punzante, sin demasiado perfume de roble y no demasiado ácido. Puede probar un riesling de Australia o un afrutado grüner veltliner de Austria. Para tintos, búsquelos ligeros: un bardolino del Véneto es una opción, o alguno de los procedentes de las vastas llanuras españolas.

Fiestas a las que hay que llevar una botella

A este tipo de fiestas hay que llevar un vino que se pueda beber en cualquier momento de la noche. No debe ser de una acidez que haga llorar los ojos, ni tener demasiado sabor a madera; tampoco un exceso de alcohol. Piense de nuevo en Alsacia; allí se le ofrecen muchas posibilidades de elección. Puede optar por un sauvignon blanc poco aromático (de Burdeos, por ejemplo) o un chardonnay –sin roble– del Languedoc o de países del hemisferio sur. Un pinot gris, por ejemplo, sería una buena apuesta. A veces, hay quien prefiere evitar el riesgo de estropear la alfombra no ofreciendo vino tinto a sus invitados, aunque también podría optar por un estilo ligero con un Moulin-à-vent de la región de Beaujolais, Francia.

abajo Para una velada entre amigas, enfríe un par de botellas fragantes y afrutadas, quítese los zapatos y suéltese el pelo.

Puntos básicos para armonizar comida y vino

arriba Vino tinto y salmón a la parrilla combinan bien; pruebe un pinot noir en lugar del habitual vino blanco.

Las cosas han cambiado desde los tiempos del blanco para el pescado, el tinto para la carne. Han cambiado las comidas, han cambiado también los vinos. Eso no quiere decir que se pueda hacer cualquier cosa. Una mala combinación puede estropear una comida por completo: si se bebe un vino seco con un plato dulce, el sabor del vino resultará desvaído y ácido; y si se come un delicado pescado al vapor con un tinto muy tánico, la combinación será muy desagradable. Y no hay razón para derrochar en un borgoña añejo si lo que se quiere es emparejarlo con algo muy picante o especiado.

La primera regla básica a seguir es equilibrar la calidad del plato con la del vino. No tiene sentido, por ejemplo, servir un garnacha ligero con un rico estofado de caza. Pero si se acompaña con un bandol rico, el maridaje es absolutamente logrado. Cuanto más fuerte sea el sabor de un plato, más fuerte debe ser el vino para que pueda resistir a su lado.

Si en una misma comida se piensa servir más de un vino, habrá que descorchar los más ligeros antes que los de cuerpo, y los secos antes que los dulces.

Siempre hay que tener en cuenta la salsa que acompaña un plato y la forma de cocción de los alimentos: un pescado al vapor tiene un sabor mucho más delicado que los dulces y acaramelados sabores que se desarrollan cuando se asa a la parrilla de carbón.

A continuación se añaden algunas indicaciones que serán de utilidad antes de sentarse ante la botella y el plato elegidos.

Acidez

Un vino ácido contrarresta la grasa y hace que un plato graso parezca mucho más ligero. Un vino ácido también puede realzar el aroma de un plato, del mismo modo que un chorro de limón. Y hablando de limón, o de vinagre, o de cualquier plato envuelto en aromas cítricos: el vino que lo acompañe debe tener el mismo grado de acidez para no resultar insípido. Por lo general, eso significa vino blanco en estas ocasiones, pero también se puede elegir entre algunos tintos de elevada acidez. Asimismo, se puede optar por un tinto bajo en taninos.

arriba La carne queda muy bien con un vino tánico y denso porque suaviza los taninos.

Dulzura

Una regla empírica general es que el vino debe ser como mínimo tan dulce como el alimento que acompaña, y puede serlo más. Si ocurre al revés, el vino tendrá poca consistencia y sabrá a alquitrán. Casar vinos dulces y platos salados es más que un desafío. Existen maridajes célebres, como el de sauternes y *foie gras*, el del famoso queso inglés stilton y el oporto, y otros emparejamientos no tan famosos pero excelentes, como el de las vieiras en salsa cremosa con un spätlese alemán.

Tanino

Sólo hay una auténtica pareja para un vino tánico, de los que parece que se mastican: la carne. Muchos buenos vinos italianos (como el nebbiolo y el brunello) defraudan si no van acompañados de un plato de carne. Sin embargo, el queso no combina nada bien con el tanino, lo mismo que los huevos y el pescado.

derecha El muscadet combina muy bien con el marisco.

EL MARIDAJE PERFECTO

Existen muchos grandes maridajes entre un alimento y un vino. Aquí citamos unos cuantos ejemplos estupendos.

Aceitunas y manzanilla
Langosta a la parrilla y chablis *premier cru*
Marisco surtido y muscadet *sur lie*
Cordero asado con ribera del Duero
Pastel *banoffee* y liqueur muscat australiano
Queso de cabra y sancerre
Queso inglés stilton y oporto *vintage*
Postres de chocolate negro y maury
Kedgeree (plato de arroz con pescado, huevo, etc.) con champagne blanc de blancs
Choucroute y riesling alsaciano
Rabo de buey estofado y zinfandel
Cèpes con rodajitas de trufa y bandol tinto
Pizza de salchicha picante y dolcetto
Estofado de caza y shiraz de Barossa
Almejas en salsa y spätlese alemán
Jamón de pata negra y fino andaluz
Foie gras y sauternes
Empanada de paloma y pinot noir
Queso parmesano y oloroso dulce
Zampone y lambrusco tinto

El acompañante perfecto

Tapas

Los acompañantes perfectos para aceitunas, almendras saladas y taquitos de queso son la manzanilla y el fino. Estos vinos jerezanos muy secos, ligeramente punzantes, se beben en abundancia en España, pero han necesitado tiempo para abrirse camino fuera de su país de origen. Quien los pruebe quedará agradablemente sorprendido. Para preparar los jugos gástricos para la comida, se requiere un poco de acidez. El champagne, desde luego, constituye un aperitivo con gran estilo, así como los espumosos de España, California y Nueva Zelanda.

Pescado

No es verdad que el pescado exija siempre vino blanco. Afirmarlo es generalizar demasiado. ¿Qué clase de blanco? ¿De qué clase de pescado se trata? El lenguado y el pez espada son opuestos en cuestión de sabor. No es lo mismo un pescado a la parrilla que al vapor, hervido o frito. También hay que tener en cuenta la salsa, por ejemplo la vinagreta de mantequilla con alcaparras para unas aletas de raya. Una rodaja de salmón del Atlántico a la parrilla o a la brasa de carbón combinará mucho mejor con un blanco con notas de madera que con un orvietto neutro. Hay que aplicar la regla de la intensidad del sabor: igualar la de la comida con la del vino. Un plato de marisco fresco requiere vinos limpios, de sabor fuerte y punzante; también se pueden elegir la manzanilla o el fino, dotados de un ligero sabor salado. Y en cuanto al vino tinto, el atún frito en la sartén queda extremadamente bien con un pinot noir de Oregón; también casan salmón y merlot.

Carne

Como el pescado, depende de cuál y cómo se cocine. Una pierna de cordero asada, aderezada sólo con un poco de romero, admite vinos de Rioja, Ribera del Duero, Burdeos, Borgoña... casi cualquier tinto con cierto peso. Pero una carne sazonada con especias marroquíes y convertida en un *tagine* obliga a pensar un poco más. El picante y las aromáticas especias requerirán un vino ligero

izquierda Los vinos dulces con una nota de miel combinan con los postres a base de albaricoques, ciruelas y melocotones.

en taninos y con mucha presencia frutal: un garnacha del sur de Francia o incluso un zinfandel de la Costa Central de California. Y para un plato más atrevido, cabe pensar en vinos también más atrevidos, con reminiscencias terrosas: pinot noir, bandol o nebbiolo.

Hortalizas

Las hortalizas necesitan blancos fuertes como el riesling italiano o el sauvignon blanc de Nueva Zelanda. Pero también hay que pensar en cómo se van a cocinar. Si se asan, necesitarán algo de sabor y aroma intensos y con una buena acidez: riesling alsaciano o verdelho australiano joven, o pinot gris de Oregón. Si las hortalizas se sirven como guarnición, las proteínas serán el centro de atracción. Con una gran ensalada aderezada con un aliño de sabor vivo es mejor servir un vino también de sabor vivo y con brío: un muscadet *sur lie*, un soave o un pinot gris.

Postres

En realidad, sólo hay que recordar dos cosas. La primera es tomar un vino que sea como mínimo tan dulce –si no más– que lo que se coma, pues de lo contrario el sabor del vino se perderá entre la dulzura del postre. La segunda es renunciar a combinar el vino con cualquier cosa congelada: helados y vino no deben mezclarse. Aunque hay una excepción: un chorrito del jerezano pedro ximénez –PX– sobre un helado de vainilla es una delicia. También se puede intentar emparejar los sabores concretos del postre elegido con un estilo de vino particular, por ejemplo una tarta de albaricoque y almendra con un passito di Pantelleria, con aroma a albaricoque y nueces tostadas, del sur de Italia.

izquierda Para un pescado a la parrilla, elija un blanco ácido y fino.

derecha Las ensaladas necesitan un vino alegre y fresco, pero tenga cuidado de que no esté en desacuerdo con el aliño.

Queso

Que el vino tino y el queso hacen un buen maridaje es un mito que hay que olvidar, porque en la mayoría de los casos no funciona. Por lo general, el vino blanco se empareja con más facilidad. Y a queso más fuerte, vino más dulce: pruebe un vino estilo jerez muy dulce con stilton, o un sauternes con roquefort. Ambas combinaciones son muy acertadas. El liqueur muscats australiano también combina a la perfección con un queso azul. El queso de cabra pierde por completo su carácter con un tinto tánico; sabe mucho mejor con un sauvignon blanco del valle del Loira. Y los quesos tipo camembert maduro necesitan un vino con algo más de atractivo: alguno con sabor a madera.

Alimentos complicados

Algunos alimentos hacen pasar un mal rato a la hora de elegir el vino para acompañarlos. Pero no hay que asustarse: existe la pareja adecuada para casi todos, aunque en algunos casos hay que esforzarse en buscarla.

Vinagre

Suena la alarma. El vinagre adereza los encurtidos de maravilla y en cambio no casa con la mayoría de los vinos. Utilice un vinagre más suave, menos ácido, como el de jerez o el balsámico, o incluso sustitúyalo por un chorrito de vino. Aclare bien las alcaparras antes de añadirlas a la salsa y evite combinar *chutney* con vino.

arriba El tomate es muy ácido; por lo tanto, acompáñelo con un vino tinto de baja acidez, como el dolcetto, que presenta también notas de especias.

Ahumados

Combinarán con ciertos vinos según el grado de ahumado. Renuncie a comer arenques con vino: tome en su lugar un whisky de malta. La caballa ahumada hace que cualquier vino adquiera un sabor metálico. El salmón ahumado es más permisivo: un veltliner grüner añejo de Austria se convierte en un compañero fabuloso, igual que un chardonnay de los nuevos países productores con notas ligeras de madera y las variedades alsacianas más aromáticas. El champagne vence la textura aceitosa del pescado ahumado, especialmente un brut con mucho chardonnay en la mezcla. Las carnes ahumadas no son tan complicadas: sólo hay que acordarse de equilibrar los sabores fuertes con un vino fuerte.

Yogur

El yogur no queda bien con casi ningún vino. El único maridaje posible es el conseguido por los griegos, quienes combinan sus vinos resinados (retsina) con platos que tienen como base el yogur, como el *tzatziki*.

Huevos

Solos, los huevos son bastante complicados cuando se trata combinarlos con un vino. En cambio, si se aderezan con una salsa fuerte las cosas cambian: simplemente habrá que emparejar el vino con la salsa. Los vinos blancos tienden a ser mejores que los tintos con los platos a base de huevo. Un chardonnay con notas ligeras de madera se enfrenta con éxito a salsas con base de huevo como la holandesa y va bien con las quiches, a causa de la pasta.

Chocolate

Contrariamente a la opinión popular, existen compañeros para el chocolate. Para el negro, amargo, con un alto contenido de cacao, se elejirá un maury. Un excelente vino tipo oporto (un tawny) y un sabroso pudding de chocolate son una combinación fabulosa. Y los más audaces acompañan el chocolate con un liqueur muscat australiano.

El picante

El tanino y el picante no hacen buenas migas. Si se quiere un tinto, habrá que buscar uno elaborado con las variedades de uva más suaves y ligeras, como los gamay o los pinot noir de los nuevos países productores. También elaboran un merlot que combina muy bien con las comidas mejicanas. Si se prefiere un blanco, se elegirá uno frío y neutro: cualquier delicadeza se perdería.

Jengibre

El jengibre no empareja tan mal con el vino como se podría creer, pero requiere alguno aromático para que resista la prueba: el torrontés de Argentina sale airoso, lo mismo que el riesling y el gewürztraminer de Alsacia, y algunos más. La familia de los moscateles tampoco empareja mal, y el viognier merece consideración.

Frutos cítricos

El vino debe armonizar con la acidez de los platos con ingredientes cítricos, ya sean dulces o salados. Para los que llevan pomelo, pruebe un gros manseng de Jurançon, y para los que tienen limón, un verdelho australiano o un riesling de Clare Valley. Para los dulces de naranja, un setúbal con notas de mermelada de naranja amarga funcionará bien. Para el pato a la naranja, aténgase a los vinos alemanes.

Tomate

El tomate es muy ácido. Para unos espaguetis con salsa de tomate, un vino del norte de Italia, como el dolcetto, resulta ideal. Para acompañar una ensalada de tomate fresco, mejor será optar por un sauvignon blanc o un pinot gris.

Alcachofas

Tienen fama de hacer mala pareja con el vino, pero Dao, la subestimada región de Portugal, tiene vinos blancos que salen airosos de la prueba. El sauvignon blanc de Nueva Zelanda es también un buen compañero.

derecha Un vino con un aroma intenso, como el sémillon australiano, puede combinar muy bien con una salsa a la naranja.

ALIMENTOS COMPLICADOS

Vinagre	riesling kabinett alemán
Ahumados	para el salmón, pruebe un grüner veltliner australiano, un riesling alemán o alsaciano, o champagne blanc de blancs. Para la carne, pinot noir, nobbiolo o zinfandel
Yogur	retsina, blancos secos italianos, rosados
Huevos	el borgoña blanco más barato, pinot blanc alsaciano, pinot gris
Chocolate	para los postres de chocolate ligeros, pruebe un moscatel o un recioto barato; para los más consistentes, elija un maury, un tawny o un liqueur muscat australiano.
Picante	sauvignon blanc, pinots noirs y merlots de los nuevos países productores, beaujolais, shiraz
Jengibre	torrontés, riesling y gewürztraminer alsacianos, moscateles secos, viognier, sauvignon blanc
Frutos cítricos	para el pomelo, elija el gros manseng; para el limón, el sauvignon blanc; para la lima, un riesling de cosecha tardía; para la naranja ácida, un sémillon australiano o un riesling alemán, y para la naranja dulce, un setúbal
Tomate	para la salsa, pruebe un dolcetto o un sangiovese; para las ensaladas, sauvignon blanc o pinot gris.
Trufas	bandol tinto, borgoña añejo, riojas, tintos del Duero
Alcachofas	blancos de Dao, sauvignon blanc de Nueva Zelanda, verdichio
Espárragos	sauvignon blanc, chardonnay sin estancia en madera, pinot blanc

Cocinar con vino

arriba Independientemente de los ingredientes, cuanto mejor sea el vino utilizado para cocinarlos, mejor saldrá el plato.

¿Puedo poner en el estofado un vino abierto hace tiempo? ¿Puedo utilizar un vino corchado para cocinar? ¿Puedo añadir al *ossobuco* un vino tan ácido que haga llorar los ojos? ¿Puedo emborracharme por comer unos mejillones a la marinera? La respuesta a todas esas preguntas es no.

Si se incorpora un vino oxidado a un estofado sabrá como si se hubiera guisado con vinagre. Si después de cenar sobra un poco de vino, un truco útil es congelarlo en una bolsa de plástico hermética para añadirlo otro día a una salsa o un adobo.

Si se vierte un chorro de vino corchado en la salsa, el olor a humedad aún quedará más concentrado. Aunque no vale la pena utilizar la botella más elegante para un estofado de cordero cocido a fuego lento durante cuatro horas (el vino se entremezclará con los jugos de la carne), hay que saber que las características básicas del vino pasan al plato cocinado; por lo tanto, no utilice tampoco el vino más barato.

Una regla empírica general es que si un vino es bastante bueno para beberlo, es bastante bueno para cocinar con él. Los vinos tintos aportan mayor intensidad de aromas que los blancos. Y cuanto más ácido sea el vino, más ácida será la salsa; por lo tanto, hay que evitar utilizar vinos blancos muy ásperos y, para cocinar, se mezclarán con igual cantidad de agua. Cocinar con vino es corriente en muchos países: añade intensidad y dimensión a un plato como ningún otro ingrediente puede hacerlo. El vino puede suavizarse y adquirir una notable riqueza al cocer a fuego lento en salsas, estofados y guisos diversos. Cuando una bebida alcohólica se calienta, pierde alcohol progresivamente (llega al punto de ebullición más rápido que el agua). Puede transformar el más humilde corte de carne y mejorar un pescado no demasiado fresco. El vino se puede utilizar en cualquier proceso culinario, desde el de ablandar una carne al de cocer unas peras.

Caldos

El vino se utiliza a menudo en lugar de o además del agua como base de sopas y salsas; por ejemplo, da carácter a muchos *risottos*. Mientras que el vino tinto se incorpora en los caldos para los platos de caza, el vino blanco se añade a caldos para pollo y pescado.

Adobos

Existe un plato invernal griego, maravillosamente aromático, a base de carne (buey, cerdo, conejo o liebre) que primero se adoba en vino tinto durante toda la noche y después se cuece lentamente en el horno durante cinco horas hasta que está tierna. Es fabuloso y muestra lo que se puede conseguir con un poco de planificación, una botella de tinto y un corte de carne barato. La carne se adoba con vino tinto o blanco, y después el adobo se usa para desglasar o como base para una salsa. Para adobos rápidos, utilice madeira o jerez.

Desglasar

Vierta un poco de vino en la sartén o en la fuente de un asado después de haber sacado la carne y caliéntelo para que se desprendan los jugos que hayan quedado adheridos. Déjelo reducir, cuélelo y habrá obtenido una gran salsa.

Caldo corto

Un caldo corto es un caldo al que se ha añadido un chorro de vino (cuanto más afrutado, mejor). Se utiliza principalmente para cocer pescado y marisco, pero también para preparar menudos y carnes blancas, y logra un gran plato con un salmón entero. Generalmente se puede usar blanco o tinto, aunque para el marisco es mejor optar por el blanco.

Salsas

En la elaboración de muchas salsas clásicas, sobre todo francesas, se usa vino. El *chateaubriand* se suele servir con patatas y salsa bearnesa; esta salsa se prepara con vino blanco y chalote, y al final se emulsiona con mantequilla y se le añaden estragón picado, unas gotas de zumo de limón y una pizca de cayena. La *bercy* es una salsa que contiene caldo de pescado, chalotes, *velouté* de pescado, mantequilla y perejil; la *périgueux* es una salsa al madeira con daditos de trufa.

Estofados

El *coq au vin* es el estofado clásico al vino, pero hay muchos más. La combinación de carne (o pescado) y cocción lenta con una botella de vino produce siempre platos ricos y sabrosos. Cada país productor de vino tiene sus propios estofados elaborados con vino, que aún son mejores si se acompañan con el mismo vino que se ha utilizado para cocinarlos.

Postres

Merece la pena intentar cocer unas peras con vino tinto. Tan sencillo procedimiento da lugar a unos resultados espectaculares que siempre causan impacto. Y las fresas maceradas con un poco de vino tinto son otro ejemplo: el vino aviva su aroma y las convierte en un festín. Muchas recetas de postres incluyen vino, desde el marsala del *zabaglione*, un clásico de las *trattorias* italianas, hasta los bizcochos del Reino Unido emborrachados con un vino estilo jerez.

abajo Como en muchos países productores de vino, cocinar con vino es un estilo de vida en Italia.

Platos clásicos con vino

En muchas recetas de todo el mundo se emplea vino para realzar el sabor y el aroma de un plato. He aquí tres de las clásicas. También lo serían el *risotto* con almejas, el buey adobado, el *coq au vin* (gallo al vino), el *sauerbraten*, el pulpo en vino tinto, los bizcochos borrachos y el *zabaglione* (sabayón).

MEJILLONES A LA MARINERA (para 8 personas)

INGREDIENTES

- 4 kg de mejillones vivos
- 100 ml de vino blanco
- 1 cebolla, picada gruesa
- 4 chalotes, picados gruesos
- pimienta negra recién molida
- 150 g de mantequilla
- 1 cucharada de perejil picado

ELABORACIÓN

1. Limpie los mejillones raspando las valvas y arrancando los filamentos. Deseche cualquiera que tenga la concha rota o que no se cierre al golpearlo ligeramente.
2. Ponga los mejillones en una cazuela grande junto con el vino, la cebolla, los chalotes, la pimienta y la mantequilla. Caliéntelo a fuego vivo durante 3-4 minutos, hasta que todos los mejillones se hayan abierto. Si alguno no se abre, deséchelo.
3. Espolvoree los mejillones con el perejil picado.
4. Sírvalos acompañados con muscadet *sur lie* o con un vino italiano refrescante, como un orvietto o un verdicchio.

BERENJENAS ESTOFADAS (para 6 personas)

INGREDIENTES

750 g de berenjenas
sal
750 g de tomates, pelados y picados
30 ml de vino tinto
pimienta negra recién molida
2-3 cucharaditas de azúcar
1 diente de ajo, chafado
1 cucharadita de tomillo seco
1 hoja de laurel
aceite de oliva
un manojo de perejil, picado muy menudo

ELABORACIÓN

1. Pele las berenjenas y córtelas por la mitad a lo largo y después en rodajas gruesas.
2. Espolvoréelas con sal y deje que se escurran media hora en un colador.
3. Mientras tanto, ponga en una cazuela grande el tomate, el vino, la sal, pimienta, el azúcar, el ajo, el tomillo y la hoja de laurel y cuézalo a fuego lento durante unos 20 minutos.
4. Aclare las berenjenas para eliminar la sal, séquelas y fríalas en una sartén con aceite hasta que estén doradas. Deje que se escurran sobre papel de cocina para que absorba el exceso de aceite.
5. Incorpore las berenjenas en la salsa de tomate y cuézalo todo junto a fuego lento alrededor de media hora; añada agua si es necesario.
6. Añada el perejil hacia el final de la cocción.
7. Sirva las berenjenas con un buen vino tinto del país.

BUEY A LA BORGOÑONA (para 8 personas)

INGREDIENTES

2 kg de carne de buey para estofar, cortada en dados grandes
150 g de manteca de cerdo
75 g de harina
2 dientes de ajo, chafados
2 botellas de vino tinto de Borgoña
1 cucharada de tomate triturado
40 cebollitas muy pequeñas, peladas
250 g de beicon cortado en tiras finas
50 g de mantequilla
1 cucharada de perejil picado
sal y pimienta

ELABORACIÓN

1. En una cazuela a fuego medio, dore la carne con la manteca.
2. Añada la harina y el ajo, y sazone al gusto.
3. Incorpore el vino y un poco de agua.
4. Agregue el tomate triturado.
5. En otra cazuela, dore ligeramente con la mantequilla las cebollitas junto con el beicon e incorpórelo en la cazuela de la carne.
6. Cuézalo en el horno, con el recipiente tapado, durante 3-3 1/2 horas a 140 °C.
7. Espolvoree con perejil y sírvalo con un tinto de Borgoña (por supuesto).

Cómo servir el vino

arriba Aunque las copas con cáliz en forma de tulipa son la mejor elección tanto para el vino tinto como para el blanco, las de tinto deben ser de mayor tamaño.

Mejor en una copa grande

Nunca hay que echar a perder el último descubrimiento personal en vinos sirviéndolo en una copa cualquiera. Todos los adorables aromas se apreciarán mejor en una copa de buen tamaño. Al beber un sorbo, aunque no lo parezca, el tamaño de la copa influye en el sabor del vino; y la particular curvatura de una copa determina dónde aterrizará el vino en la boca, lo que afecta a la percepción de su sabor.

Un fabricante de cristal austriaco llamado Georg Riedel ha logrado fama universal basándose en la teoría de que la forma de la copa repercute en el aroma y el sabor del vino. Ha diseñado centenares de copas de vino de diferentes formas, cada una de ellas adecuada para los particulares componentes aromáticos de una variedad de uvas. Y no sólo eso, sino también copas de vino cuya forma está pensada para una cierta variedad de uvas de una determinada región; por ejemplo, a un sauvignon blanc con sabor a grosella de Nueva Zelanda le corresponde una copa de forma distinta a la adecuada para un sauvignon blanc más herbáceo de Sancerre, Francia. También la edad del vino requiere una forma concreta: Riedel ha fabricado una copa para el champagne sin añada y otra para el *vintage* o *millésimé*, que permiten apreciar plenamente los diferentes aromas. Pero todo esto es bastante revolucionario, y tal vez será preferible por el momento no tomarse las cosas tan en serio.

Ahora bien, aun el principiante menos entusiasta debería tener dos tipos de copas de vino, preferentemente ambas con el cáliz en forma de tulipa y el tallo largo y esbelto, grandes para los tintos y no tanto para los blancos. De hecho, en lo que concierne a los tintos, cuanto más grande sea la copa, mejor. Los tintos, especialmente los añejos, necesitan más espacio para respirar y así poder desplegar en toda su amplitud sus magníficos aromas afrutados. Otro punto importante a recordar es que nunca se debe llenar la copa hasta arriba; es mejor llenar sólo un tercio, o en cualquier caso quedarse siempre por debajo de la mitad.

Si bebe con cierta asiduidad vinos espumosos, necesitará copas tipo flauta, altas y finas, por una buena razón: conservan las burbujas (o la espuma, para usar la terminología correcta). Olvide las copas anchas que según la leyenda fueron modeladas sobre los pechos de María Antonieta: el vino se vuelve plano en un instante.

El jerez, o cualquier vino fortificado, necesita una copa ligeramente más pequeña que un vino normal debido a su elevada graduación alcohólica. En España se sirve en la copita tradicional de la región jerezana, que será también adecuada para otros vinos fortificados. Pero en ningún caso se deben usar esas copas de licor que, por desgracia, todavía se ven en gran número de bares y restaurantes.

Hay que evitar también los bordes antiestéticos. El borde grueso, por ejemplo, desluce el disfrute global del vino. Las copas de vino fabricadas desmañadamente a máquina, de tamaño mediano, han reducido nuestro disfrute del vino y habría que abandonarlas para siempre. Existen muy buenos ejemplos de copas de vino hechas a máquina, de borde fino y económicas, que se pueden adquirir en cualquier localidad. Además, es mejor usarlas de cristal (existen muchas opciones económicas), aunque hay que evitar el cristal tallado, porque puede parecer bonito, pero no deja apreciar adecuadamente el color del vino. Lo mismo es válido para las cristalerías de colores: distorsionan el aspecto del vino.

Y por último, una indicación sobre el modo de lavar y guardar las copas de vino. No es una buena idea dejarlas boca abajo sobre un paño, porque eso retiene el aire viciado, lo que incluso puede echar a perder un vino delicado. Tampoco conviene guardarlas en un ambiente con olor a humo. Y tenga en cuenta que el más ligero vestigio de detergente puede alterar el sabor del vino; por lo tanto, lave las copas sólo con agua caliente, a menos que estén grasientas: la grasa aplana los espumosos en un periquete. Reserve un paño que no deje pelusa para secarlas.

abajo Por ser más fuertes, los vinos fortificados, como el jerez, se sirven en copas pequeñas (arriba), mientras que el champagne se sirve en copas tipo flauta (abajo), que conservan las burbujas.

Corchos y sacacorchos

Aunque duela pensarlo, un día todas las botellas llevarán tapón de rosca. Imagine desempolvar una botella de un gran burdeos para desenroscar el tapón en la mesa sin ninguna ceremonia. De hecho, Burdeos y otros productores de vinos de calidad del mundo entero se mostrarían contrarios a una decisión de este tipo, pero hasta ahora la investigación ha demostrado que sólo el esnobismo está impidiendo que se difunda el uso de los tapones de rosca.

Unos cuantos de los principales productores mundiales han empezado a utilizar el tapón de plástico, pero la mayoría de los vinos con este tapón todavía están en la categoría más barata del mercado.

Otro sistema de envasado que ya se ha empezado a utilizar para vinos baratos es el de las cajas de cartón. Consisten en una bolsa de plástico, por lo general de 5 litros de capacidad, introducida en una caja de cartón; este tipo de envase permite conservar el vino hasta seis meses desde el momento en que se abre. Es un buen sistema, y no hay razón por la que vinos más caros no se puedan vender de ese modo, aunque su manipulación es algo complicada. Lo que resulta una mala idea es enlatar el vino.

Pero, en primer lugar, ¿por qué buscar una alternativa al uso del corcho si, después de todo, ejerce su papel en el misterioso proceso de envejecimiento del vino?

El corcho es propenso a la infección y al encogimiento, lo que puede afectar al vino en diversos grados, dándole un olor y un sabor que van desde una nota avinagrada a toda una bodega rebosando olor a humedad. La mayoría de la gente ni siquiera podría reconocer el defecto conocido como corchado en un vino, pero se tira porque no

abajo Los corchos tradicionales tal vez se vean pronto reemplazados por otros tapones más modernos.

izquierda El "sacacorchos de mariposa" y el "amigo del camarero" se cuentan entre los modelos de sacacorchos más populares.

tiene buen sabor. Si aprende a reconocer el olor, podrá hacer algo más práctico: devolver el vino al comerciante al que se lo haya comprado para que se lo cambie por otro.

¿Cómo llega a estropearse un corcho?

Todavía no existe ninguna evidencia, pero el dedo acusador suele apuntar al tratamiento del corcho. Los corchos (muchos procedentes de los bosques de alcornoques de España y Portugal) se blanquean con cloro antes de lavarlos y secarlos, lo que puede producir cloroanisoles, algunos de los cuales, por ejemplo el 2,4,6-tricloroanisol (o TCA), se puede oler incluso en pequeñas cantidades. La industria del corcho se está esforzando en encauzar este problema sustituyendo el blanqueador a base de cloro por otros procedimientos. Pero ése no es el único culpable; los corchos están expuestos a otros peligros, como los malos hábitos de almacenamiento y los hedores de los barcos de transporte.

Descorchar

Ahora, pasemos a descorchar. Aquí se presentan algunas opciones: el sacacorchos "mariposa"; el "amigo del camarero", el "screwpull", de doble impulso; el "amigo del mayormo", el de palanca, y algunos más. El abanico es bastante amplio.

Tal vez el mejor sea el "screwpull". Es una invención americana que se ha copiado en todo el mundo, y existe una versión de mango largo para los apalancamientos excepcionales. En segundo lugar estaría el "amigo del camarero", que es todavía la herramienta esencial del sumiller en todo el mundo; es práctico porque es plegable.

Manos a la obra

Corte la cápsula de cobertura alrededor del reborde del cuello de la botella. Puede comprar un pequeño instrumento llamado cortacápsulas que realizará la tarea pulcra y rápidamente. Limpie la boca de la botella y la parte superior del corcho. Introduzca suavemente la punta del sacacorchos en el centro del corcho y gírelo lentamente, justo hasta que la rosca deje de sobresalir por la base del corcho. Después, extráigalo suavemente.

Cuando se trata de vinos espumosos, después de rasgar la cápsula y de retirar el morrión de alambre, sujete con una mano la botella y el corcho con la otra. Gire lentamente la botella mientras retuerce el corcho en dirección contraria, teniendo en cuenta no apuntar hacia la gente.

abajo Después de cortar la parte superior de la cápsula y de limpiar el borde de la botella, introduzca la punta del sacacorchos. Extraiga el corcho con delicadeza y suavidad.

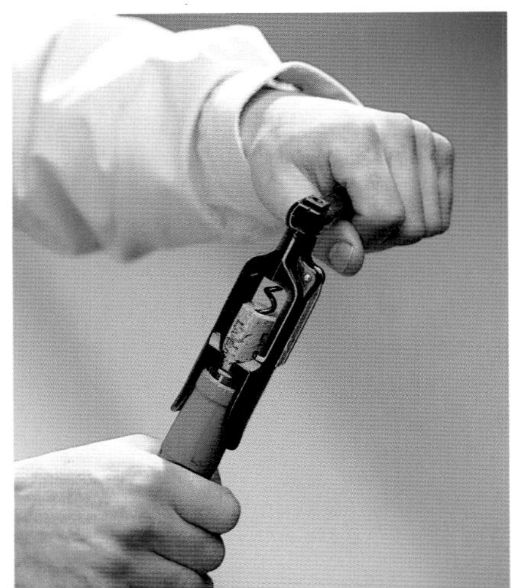

Descubrir los defectos del vino

arriba La nariz detecta el aroma a moho del vino corchado incluso antes de llevarse la copa a los labios; por lo tanto, no hace falta comprobar lo desagradable que es.

Cuando un vino huele "como una vieja bodega" no hay por qué llegar inmediatamente a la conclusión de que es un vino malo y decidir no volver a pedirlo nunca más. Esto sería una auténtica lástima, ya que es evidente que el vino está simplemente corchado (*bouchonné*). Si se probara una segunda botella del mismo vino, probablemente se encontraría bueno (a no ser que se tratara de una mala partida, algo muy poco habitual). Hay quien afirma que hasta una de cada doce botellas de vino está corchada. ¿Pero qué significa exactamente que un vino esté corchado? No tiene nada que ver con las pizquitas de corcho que a veces flotan en la copa después de un mal descorche.

De vez en cuando, puede suceder que una pequeña cantidad de hongos escape al proceso de esterilización y permanezca en el corcho. Cuando la parte infectada entra en contacto con el contenido de la botella, el vino absorbe el olor, y eso da lugar al aroma a moho. De ahí proviene el término *corchado*. Un corchado discreto sólo desluce el vino, y no necesariamente lo hace imbebible. El corchado puede producirse en varios grados.

En un restaurante existe la posibilidad de devolver el vino para que lo cambien por otra botella. Si se descorcha en casa, se puede devolver al comerciante al que se haya comprado o al supermercado, presentando el comprobante de compra. El caso más especialmente fastidioso es aquel en que la botella es un regalo y se trata de un vino excepcional: no se puede hacer más que tirarlo y abrir otra botella.

El corchado no es el único mal que puede aquejar a un vino. Si una botella de muscadet tiene un color algo más amarillo de lo habitual, o un tinto joven parece que tira a marrón y ambarino, probablemente el vino estará oxidado. La oxidación se produce cuando un exceso de aire entra en contacto con el vino. Si la botella no se ha almacenado correctamente, el corcho puede haberse secado y encogido un poco. En este caso, el vino tendrá un sabor apagado y plano y, en el peor de los casos, olerá a vinagre.

A veces, puede ocurrir que el vino desprenda un apestoso olor a huevo podrido, que no se debe confundir con la vaharada de mecha quemada –dióxido de azufre– que puede emanar al abrirlo y que normalmente se disipa cuando el vino lleva un rato descorchado y expuesto al aire.

En casi todos los lagares del mundo se usa dióxido de azufre. Es habitual que se añada a las uvas recién recogidas, y también al vino en la etapa de embotellado para mantenerlo fresco. El olor a huevos podridos, en cambio, alerta sobre un problema, pues es indicio de la presencia en el vino de ácido sulfhídrico. Éste puede formarse durante la fermentación y su presencia indica una mala vinificación.

El vino debe ser brillante y claro. Hoy día existe cierta tendencia a consumir vinos sin filtrar, y este tipo de vino puede parecer un poco turbio al servirlo. Pero en raros casos este aspecto significa que exista una dosis de bacterias nocivas. Y nunca hay que tirar una vieja botella de un vino especial que se haya estado guardando sólo porque parezca turbio recién sacado de la bodega; simplemente hay que dejarlo un rato en posición vertical hasta que los posos se asienten, y después decantarlo, e incluso colar el final de la botella a través de una muselina.

Al servir una copa de vino blanco, pueden aparecer cristales blancos en la base. No hay que preocuparse por eso. Estos cristales se llaman tartratos y son posos naturales: no perjudican ni estropean el sabor del vino.

DEFECTOS DEL VINO: CAUSAS Y SOLUCIONES

Defecto	Causa	Solución
corchado	hongos	devolver la botella
oxidación	aire	tirar la botella
azufrado	adición excesiva de azufre	exposición al aire
ácido sulfhídrico	deficiencia de nitrógeno	tirar la botella
aspecto turbio	bacterias	tirar la botella

La decantación

Decantar el vino sólo es realmente necesario cuando hay mucho poso en la base de la botella. Y un sedimento considerable únicamente se presenta cuando el vino es viejo. El poso –o *lies*– es tan fino en un borgoña tinto viejo, por ejemplo, que casi la mitad de la botella será imbebible si no se sirve del modo adecuado. Si la botella se ha guardado casi horizontal (el almacenaje correcto), habrá que tenerla en posición vertical uno o dos días antes de abrirla para que los posos se asienten.

Después de descorchar la botella, el vino se verterá en un chorro lento y continuo en la decantadora. La operación se interrumpirá cuando el poso empiece a acercarse al cuello de la botella (se podría necesitar iluminarla con una linterna o una vela). Generalmente no hay demasiado desperdicio, pero si queda más de media copa de vino, se deberá colar a través de una muselina.

Hay gente que, al margen de los vinos añejos, decanta vinos relativamente jóvenes. Esto se debe a que la decantación puede hacer que un vino joven, con cuerpo, tánico, resulte un poco más flexible. La explicación viene dada por el oxígeno. Vertiendo el vino de una botella en una decantadora o jarra se expone más al aire. El vino vuelve a respirar. El sabor y los aromas pueden adquirir realce, en especial cuando se trata de vinos maduros.

Ahora bien, la decantación no establece una diferencia real en caso de vinos baratos. Y lo mismo es válido a la hora de dejar respirar un vino sin decantarlo. Pero no hay que dejar expuestos al aire demasiado tiempo los vinos añejos, pues podrían acabar perdiendo todo su aroma.

izquierda Sólo es necesario decantar los vinos añejos que tienen mucho poso.

La temperatura

En ningún caso hay que dejar un vino tinto junto a la chimenea o un radiador para templarlo un poco: adquiriría un sabor fangoso y parecido al de la mermelada. A la inversa, enfriar demasiado un vino es otra equivocación, porque puede acabar perdiendo por completo su sabor y su aroma. Si eso ocurre, ahueque las manos y mantenga entre ellas el cáliz de la copa uno o dos minutos.

¿Cuál es la temperatura de servicio perfecta? Los vinos frescos y secos, los espumosos, los muy dulces y los rosados no deben superar los 8 °C. Pero a los chardonnay más importantes, a los vinos aromáticos de Alsacia y a los intensos viognier no los incomoda algo más de calidez: 10 °C, dependiendo también del tiempo. Por lo general, los vinos blancos que se beben en invierno son mejores si se sirven algo más templados que los que se consumen muy fríos en lo más caluroso del verano.

Por otra parte, los tintos deberían beberse un poco más fríos de lo que lo está una casa con calefacción central, es decir, a unos 17 °C. Por lo tanto, habrá que ignorar la sugerencia que aparece en las contraetiquetas de servirlos a temperatura ambiente. Algunos tintos ligeros y afrutados –dolcetto, beaujolais– son mejores si se sirven después de haberlos enfriado un poco.

Para un caso imprevisto, tener fundas de hielo en el congelador es la solución más efectiva para enfriar rápidamente una botella de vino blanco. Si no dispone de una funda, ponga en una cubitera cubitos de hielo, agua y un puñado de sal (que ayuda a que el hielo se funda más rápidamente). Con una botella de tinto fría, recién sacada de la bodega, puede proceder a la inversa: llene una cubitera con agua templada (a 21° C) y sumerja la botella durante unos ocho minutos.

abajo Una cubitera con agua, cubitos de hielo y un puñado de sal es una forma muy rápida de enfriar una botella de vino blanco.

Comer fuera de casa

Todo el mundo ha escuchado algún relato referido a la elección del vino en un restaurante, con alusiones al arrogante sumiller que consideraba una tontería la sugerencia del cliente de que el vino estaba corchado; al sumiller presuntuoso que recomendó una botella cuyo precio doblaba el de la que se había pedido; al altanero que miraba despectivamente cuando el comensal vacilaba al pronunciar el nombre de un vino. Este tipo de sumilleres, por suerte, casi ha pasado a la historia. Ahora han ocupado su lugar personas jóvenes y preparadas que conocen bien su oficio y están deseando mostrar la carta de vinos y aconsejar al cliente de la mejor manera.

El vino nunca ha sido tan popular como hasta ahora, y eso se refleja en las cartas de los restaurantes de todas partes, que tienden a ampliar cada vez más la gama de vinos que ofrecen. Y en las vinacotecas se organizan "rutas del vino": una serie de pequeñas degustaciones de una variedad o región determinada que permiten probar vinos desconocidos.

Pero aún queda un largo camino por recorrer. Todavía prevalece la mediocre copa de grueso y antiestético borde. Así como las cartas de vinos sin información sobre cosechas y productores, llenas de faltas de ortografía, sobadas y con una oferta pobre.

Pero mejor será concentrarse en lo positivo. Imagimenos que es el cumpleaños de su esposa, esposo, hermana, padre..., y ha elegido para celebralo un restaurante que parece bastante bueno. Lo primero será echar una ojeada a las copas. Tienen el tallo alto y esbelto, el cáliz generoso y carecen de bordes marcados: buena señal. Le presentan la carta de platos y la de vinos. Si ha ido a un restaurante de lujo y hay un sumiller, consúltele: hágale saber el tipo de vino que prefiere y lo que quiere gastar. Un buen sumiller hará el resto. Todos ustedes, por ejemplo, seis personas, han elegido ya los platos. Usted coge la carta de vinos: hay cincuenta, un buen número, el ideal a menos que disfrute recorriendo página tras página, región tras región.

Cosecha, productor, variedad de uva y región, todo ello está indicado, y además hay una buena selección de vinos abiertos. Otro punto a favor. Hay un pequeño elogio de cada vino –aunque no demasiado exagerado–, referido únicamente a su sabor. Fantástico; eso le ayudará a emparejar el vino con los platos que haya elegido. Se decide por un sémillon australiano para los primeros, y por una copa de pinot noir de Nueva Zelanda para la terrina de caza que alguien ha pedido.

El tinto de la casa –un merlot chileno– parece que puede armonizar con todos los platos principales. Le muestran las dos botellas que ha elegido. Usted comprueba la cosecha y el productor. Le ofrecen catarlo. Lo primero que debe hacer es olerlo: así podrá comprobar que el vino no esté corchado; si lo está, el camarero lo sustituirá (sin poner pegas); después, tendrá que dar un rápido sorbo. El sémillon está un poco caliente. El camarero acerca una cubitera llena de agua y cubitos de hielo. Pasados unos pocos minutos, el vino está a punto para beberlo (no lo deje en la cubitera; se enfriaría demasiado). El tinto tiene buen sabor: es brillante y con una gran presencia frutal, con predominio de cerezas y grosellas negras; un merlot de uno de los nuevos países productores que se podría calificar como "de libro de texto". Así es como deberían suceder las cosas.

Lo que no debería ocurrir sería que la carta de vinos no facilitara ninguna información sobre el vino que incluye; que el camarero pusiera su opinión en tela de juicio si usted se quejara del vino; que cuando pidiera alternativas a su estilo sugerido de vino le propusieran uno mucho más caro; que le quisieran servir una cosecha distinta, inferior a la especificada en la carta; que no le presentaran la botella de vino antes de abrirla, o que tuvieran sólo dos botellas por debajo de 30 euros.

LA ELECCIÓN DEL VINO EN UN RESTAURANTE

1 Primero, piense en lo que se va a comer; después, elija el vino.

2 Recurra al sumiller o al camarero encargado de los vinos: dígale lo que le gusta y cuánto quiere gastar.

3 Primero puede probar el vino de la casa: si es bueno, el resto de los vinos de la carta serán buenos.

4 Si se eligen varios tipos de comida, no debe preocuparle encontrar un vino que pueda acompañarlos; muchos vinos de los nuevos países productores y de Alsacia combinan con casi todo.

5 Si la carta no es demasiado buena, opte por vinos de Australia o Chile; es probable que sean los más dignos de confianza y los mejores.

6 Si hay una buena selección de vinos abiertos, aprovéchela. Experimente con una tapa y el vino que le sea más adecuado, y pruebe los que no conozca.

7 Compruebe la temperatura de la botella; si está demasiado templada, pida una cubitera.

Entender el vino

Después de este primer acercamiento ya se puede empezar a circular con confianza entre las estanterías de cualquier tienda de vinos. Ahora se trata de aprender también a descifrar una etiqueta. Las de los vinos de los nuevos países productores son bastante fáciles de entender una vez se dominan las diferentes variedades de uva; las otras, hay que observarlas con mucha atención: derrochar en una costosa botella de burdeos que está lejos de haber alcanzado su mejor momento para servirlo con la cena constituye una enorme decepción. En este capítulo también se explica cómo averiguar qué vinos envejecen mejor, y los muchos procedimientos que existen para comprar vino una vez agotadas las posibilidades de elección en la tienda local: desde navegar por la red hasta comprarlo directamente al productor. Para acabar, se dan las indicaciones básicas para almacenar el vino de un modo correcto una vez adquirido.

Cómo leer una etiqueta

Las etiquetas dicen muchísimas cosas sobre el vino. Deben hacer constar el año de la cosecha, la región, la clasificación del vino, el nombre y la dirección del productor, y la graduación alcohólica.

Viña Amezola, Rioja, España

En la parte central de esta etiqueta destaca en letras muy grandes la marca del vino, Viña Amezola. El nombre del productor aparece en la parte inferior, Bodegas Amezola de la Mora.

Encima de la fotografía está la denominación, Rioja, con las palabras Denominación de Origen Calificada –o DOCa– debajo. Es una categoría nueva, de máximo nivel, que añade un cuarto peldaño al sistema español de clasificación de vinos y se equipara a la DOCG de Italia. A continuación se lee: embotellado en la propiedad. En el caso de Rioja, la palabra *crianza* indica un vino que no sale al mercado hasta que ha alcanzado el tercer año de maduración, y que ha permanecido como mínimo doce meses en roble.

Domaine Rollin, Corton Charlemagne, Borgoña, Francia

La designación Borgoña es un campo minado para el no iniciado. El nombre del productor (Domaine Rollin, Père & Fils) figura en la parte inferior de la etiqueta. Corton Charlemagne es uno de los viñedos calificados como *grand cru* de la Côte de Beaume. Esta etiqueta nos dice que es un vino *grand cru,* pero no indica a qué población pertenece (Ladoix-Serrigny). En este caso, *mis en bouteille* no va seguido por *au domaine,* porque no ha sido embotellado en un lugar determinado, sino que el embotellador ha sido un bodeguero mayorista (un *négociant*), con base en cualquier población.

Carmenet Chardonnay, Sonoma, California

En la actualidad, carmenet es sinónimo en el Médoc de la cabernet franc, pero no hay que confundirse; también ha sido adoptado como nombre de esta bodega californiana. En Estados Unidos, un vino etiquetado, como éste, con una variedad, debe tener como mínimo un 75 % de esa uva; pueden haber entrado en su elaboración otras uvas, pero el 95 % de todas las utilizadas debe proceder del viñedo indicado en la etiqueta (Sangiacomo Vineyard).

Bouchard Finlayson, Missionvale Chardonnay, Walker Bay, SA

Cuando se sale de Europa, las etiquetas de los vinos empiezan a ser mucho más fáciles de interpretar. Este vino sudafricano simplemente indica el nombre de la propiedad (Bouchard Finlayson), el año de la cosecha, o añada (1998), la variedad de la uva (chardonnay) y la región del país en la que se ha cultivado y producido (Walker Bay). "Wine of Origin" equivale aproximadamente a la expresión francesa *appellation contrôlée*, y a la española denominación de origen.

Bindella, Borgo Scopeto, Chianti Classico Riserva, Toscana, Italia

De arriba abajo, aparecen el nombre del viñedo (Tenuta Borgo Scopeto) y después la denominacón de origen o *denominazione* (Chianti Classico). A continuación figura el nivel de calidad, en este caso el máximo nivel italiano: *Denominazione di Origine Controllata e Garantita* (DOCG). *Riserva* (reserva) indica un vino que ha envejecido durante un determinado período de tiempo (mayor o menor según el tipo de vino) antes de ser puesto a la venta. A continuación aparece el nombre del productor (Bindella), seguido de la información de que el productor ha embotellado el vino en la propiedad.

Alois Lageder, Pinot Bianco, Alto Adigio, Italia

Esto confunde: he aquí un vino italiano en cuya etiqueta se lee Südtirol (Tirol meridional). Tirol está en Austria, no en Italia. Pero esta parte del país, el Trentino-Alto Adigio, en el norte, fue cedida a Italia después de la Primera Guerra Mundial, y la mayoría de sus habitantes –que todavía hablan alemán y disfrutan de cierta autonomía– la denominan Südtirol. En la parte superior de la etiqueta, en letras muy grandes, figura el productor (Alois Lageder). La variedad de uva es la pinot blanc (pinot bianco en italiano y Weissburgunder en alemán).

Domaine des Marronniers, Chablis, Borgoña, Francia

El chablis es uno de los blancos más famosos, pero procede de un área muy restringida. Tras el escudo de este nombre se han cometido muchos abusos de confianza a lo largo de los años. Desde Estados Unidos hasta Argentina, los productores lo han utilizado sin permiso y lo han aplicado a vinos que no tenían nada que ver con el auténtico. Éste es un verdadero chablis, aunque no necesariamente el mejor (es una *appellation chablis controlée*, no un *premier cru* o *grand cru*, los siguientes dos peldaños por encima en la escalera de la calidad); suele ser refrescante, con notas minerales.

Champagne Bruno Paillard, Reims, Francia

Las etiquetas de champagne son de fácil interpretación. Domina el nombre de la casa (Bruno Paillard), que es la marca. Bruno Paillard tiene su base en Reims. A la izquierda se indica el estilo, brut, casi el más seco. A la derecha figura la fecha de la cosecha o añada (*millésime* o *vintage*). En Champagne, los vinos se "declaran" *millésimés* cuando una casa considera que su calidad lo merece, y naturalmente todas los declaran en los mejores años. El champagne es el único vino AC que no lleva las palabras *appellation contrôlée* en la etiqueta. Los números de referencia de la derecha indican que esta casa es un NM (*négociant-manipulant*) y que el vino se ha elaborado en la propiedad.

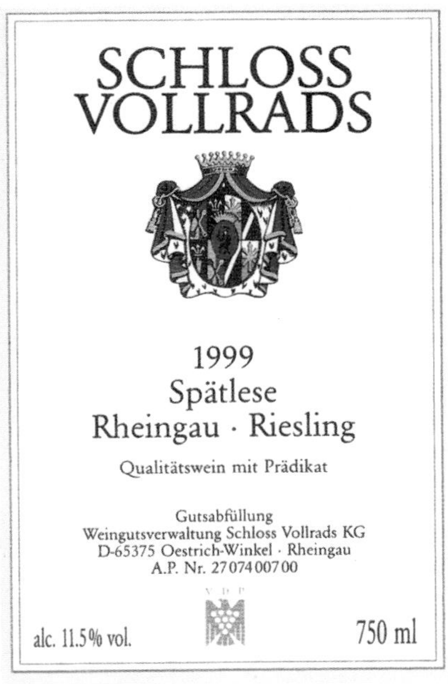

Schloss Vollrads, Rheingau Riesling, Germany

Descifrar las etiquetas alemanas puede ser complicado, pero ésta es un modelo de claridad. El nombre del productor aparece en letras muy grandes (Schloss Vollrads). Después de la fecha de la cosecha, se indica la categoría cualitativa –Qmp–, en este caso *Spätlese*, un vino de cosecha tardía, generalmente seco o semiseco. Rheingau es una de las principales regiones productoras de vino blanco del mundo. *Gutsabfüllung* significa "embotellado en la propiedad". En la parte baja de la etiqueta figura el resto de la información legalmente requerida: los datos del lugar donde fue embotellado. El águila negra, logotipo de la VDP (*Verband deutscher Prädikats- und Qualitätsweingüter eV*), una asociación de las propiedades más importantes, es un signo que acredita un buen productor.

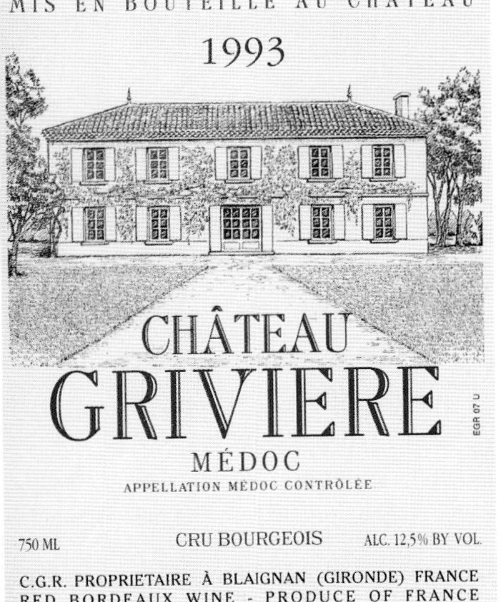

Château Grivière, Cru Bourgeois, Bordeaux, France

El nombre de marca es Château Grivière, y en la primera línea se apunta que fue embotellado en la propiedad. El productor es C.G.R., de Blaignan. Aparece la AC (*appellation contrôlée*) Médoc. La de *cru bourgeois* es una expresión que hace referencia a la categoría de las propiedades –o *crus*–, productoras de vino tinto. El *cru bourgeois* es de clase media, inferior a los supuestamente aristocráticos *crus classés*. Estas propiedades varían desde los simples minifundios a los *châteaux*, y se cuentan alrededor de trescientas. Incluso existe una ley del más fuerte de los *crus bourgeois*, que empieza por los de mejor calidad, *crus bourgeois exceptionnels*, sigue con los *crus grands bourgeois* y acaba con el *cru bourgeois*.

La cosecha

La palabra *cosecha* tiene un significado doble: se emplea para designar el proceso físico de la recolección de las uvas –la vendimia–, y también para indicar el año de la cosecha con la que se elaboró un vino. En el hemisferio norte, *cosecha* se aplica también al ciclo de crecimiento de las vides. En el hemisferio sur, cuando las uvas se vendimian al comenzar el año, se refiere al año –la añada– en que se recolectaron las uvas.

Cuando los aficionados al vino hablan de "una buena cosecha" (una buena añada, un buen *millésime* o una buena *vintage*) significa que todo el ciclo vegetativo de la vid ha sido favorable para obtener un vino de alta calidad.

Un vino que no lleva explícita la fecha de la cosecha suele ser inferior a otro que

arriba La temporada de neblinas y de la madurez de la fruta en un viñedo del Piamonte.

la lleva: en muchos vinos de mesa de la Unión Europea y Estados Unidos no figura la añada. La excepción a la regla es el champagne, ya que uno sin añada (esto es, sin fecha de cosecha) puede ser de máxima calidad.

¿Por qué dejar de indicar la añada? Los vinicultores apuestan sobre seguro mezclando algún vino de los años precedentes con el del año en curso para conseguir un consistente, aunque a veces algo soso, estilo de la casa. Por ley, una botella de vino etiquetada con el año de la cosecha

arriba Proteger las uvas maduras contra las inclemencias del tiempo es esencial, especialmente en Europa.

debe tener un 75 % (o un 85 % en algunos países y regiones) del vino de la cosecha del año indicado, lo que le permite al vinicultor un cierto grado de flexibilidad cuando es necesario.

La calidad de la cosecha es de vital importancia, o lo era hasta hace pocos años. Las técnicas de elaboración del vino han avanzado tanto que incluso en años malos se puede producir un vino muy aceptable.

Una temporada con problemas en el cultivo afecta directamente a la estructura del vino y su potencial de envejecimiento. Un verano cálido y seco, por ejemplo, puede hacer que se eleve el nivel de alcohol, mientras que una cosecha (vendimia) empapada puede producir vinos delgados.

Los nuevos países productores lo tienen más fácil. No hay mucha variación entre las cosechas, por ejemplo, en Chile o Australia. No es como en Europa. En un restaurante con una carta de vinos dudosa, lo mejor es optar por un vino de cualquiera de esos países: si se elije un nombre poco conocido de un Borgoña de la cosecha de 1994, por ejemplo, la decepción puede ser grande.

Es conveniente que quien sea muy aficionado al borgoña –o a los vinos de Burdeos o del Piamonte–, se familiarice con las cosechas para ahorrarse decepciones.

¿Dónde buscar información?

Las revistas especializadas en vinos publican sus propias listas de calificación de cosechas. Pero hay que ser prudente pues algunas se extienden demasiado en su revisión de las docenas de microclimas –con sus variaciones particulares– que existen en las distintas regiones. Una de las mejores a escala internacional es *The Wine Advocate Vintage Guide*, de Robert Parker, detallada por países, regiones y variedades de uva, y con símbolos que indican la calidad de la cosecha y su potencial de envejecimiento.

Incluso en un año y una región determinados, la calidad y el carácter del vino pueden variar enormemente entre productores y propiedades. Aquí es donde el profesional entra en acción: evalúa el vino en su primer estadio juvenil y predice, lo mejor posible, sus probables características en un futuro y su capacidad de envejecimiento.

Y hay que recordar que un año considerado ideal para una variedad de uvas de maduración precoz, como la merlot, quizás no lo fue para unas uvas de maduración tardía, como las cabernet sauvignon, pues pudo llover hacia el final del período de recolección.

En resumen, hay que tener en cuenta muchas variables, lo que contribuye a que el vino sea tan fascinante.

derecha Inspección de las uvas nebbiolo, de maduración tardía, destinadas a convertirse en botellas de Barolo.

Cómo comprar el vino

arriba El personal competente de una vinatería bien surtida puede lograr que elegir un nuevo vino intimide menos.

Al enfrentarse a una estantería llena de nombres poco conocidos, comprar vino puede parecer un poco como tener entre las manos una caja de sorpresas. Eso ocurre sobre todo en los supermercados, donde el personal no está especializado en vinos y por lo tanto no es capaz de ayudar al cliente a elegir. Para recibir consejo, lo mejor es dirigirse a un establecimiento que pertenezca a una cadena de vinaterías (a medio camino entre la bodega y el supermercado); el personal suele tener buenos conocimientos sobre el vino.

Lo cierto es que en el supermercado los precios de los vinos son mejores (los productores tiemblan al ver a los comerciales de los supermercados, porque saben que exigen los precios más bajos posibles), y si se busca bien, se encuentran muchas ofertas. Y aunque no se busque, hoy día es difícil dar con una botella que carezca de cierta calidad. Los procedimientos que se siguen en el cuidado de los viñedos y en la elaboración del vino han avanzado de tal modo que es bastante difícil elaborar una botella de vino realmente mala.

Puede resultar más sencillo dirigirse directamente al punto de venta de promociones, donde se presenta, por ejemplo, un vino que acaba de recibir una medalla o una puntuación elevada en una cata organizada por una revista; como mínimo, así se sabe que, en el peor de los casos, el vino tendrá una cierta calidad.

Hay que estudiar las contraetiquetas: cada vez son mejores, y dan indicaciones sobre el estilo del vino a quien no está familiarizado con las variedades de uva; también informan sobre cuáles son los alimentos que puede acompañar. Muchos elaboradores indican además los niveles de dulzura, o el estilo del vino, de modo que es bastante difícil cometer un error grave.

Si quiere derrochar en algo especial, tal vez la mejor opción sea recurrir a la venta por correo de un distribuidor especializado. La estantería cálida y brillante de un supermercado no ofrece las mejores condiciones de almacenamiento, y los cosechas en oferta serán seguramente demasiado jóvenes y estarán lejos del momento adecuado para beberlos.

Puede echar una ojeada a las recomendaciones semanales (y a veces diarias) de la prensa: deje que profesionales objetivos degusten por usted. Pero ante una verdadera oportunidad actúe con rapidez, porque las botellas se agotarán en minutos.

También se puede investigar por cuenta propia (ya ha empezado a hacerlo si tiene este libro entre las manos): lea libros y revistas especializados, artículos en los periódicos sobre el vino, y busque en Internet para informarse. Equipado con algunos conocimientos, un recorrido por vinaterías y supermercados será mucho más divertido.

Algunas de las mejores cadenas de vinaterías organizan con regularidad degustaciones de los vinos que tienen almacenados. Es un buen sistema para averiguar qué vinos se prefieren, de modo que conviene aprovecharlo. El personal habrá seguido como mínimo un curso sobre el vino, y debería estar versado en vinos no muy corrientes: esta es la ventaja de este tipo de establecimientos frente a un supermercado.

Busque nombres y variedades de uva conocidos, pero sea liberal en la elección de vinos desconocidos y poco corrientes. Puede ponerse un límite de precios para enfocar su elección, pero no tenga miedo a saltárselo de vez en cuando: piense en lo que gasta a veces en los artículos más simples.

Compre por docenas –es más barato–, pero primero pruebe el vino y asegúrese de que no le estén vendiendo una añada no demasiado buena o un vino que haya estado mal almacenado (esto lo revelan, por ejemplo, unos corchos que rezuman). Lo mismo es válido para los "restos de serie" de una bodega: si encuentra una ganga, compre a lo grande.

Si el vino es defectuoso, no se beba la mitad de la botella para decidir si realmente está corchado o si está oxidado; devuélvala tan llena como sea posible.

Los especialistas

El lector que haya llegado hasta aquí será ya sin duda un poco más exigente. Una bodega cualquiera habrá perdido para él su atractivo y querrá algo un poco más especial. Si lo que desea es un buen servicio, lo más adecuado será que se dirija a una vinatería especializada e independiente. Si tiene la suerte de vivir cerca de una buena tienda de ese tipo, ya sabrá lo siguiente: tiene hileras sobre hileras de vino de buena procedencia y de buenas cosechas; dispone de áreas de exposición bien diseñadas e iluminadas y una sala para los ejemplares excepcionales, y tiene el resto de los vinos no en una exhibición atractiva, sino tumbados, almacenados en condiciones de temperatura y humedad controladas; el personal da todo tipo de sugerencias teniendo en cuenta la clase de comida que se desea acompañar, por exótica que sea, y abre una botella de vino para que el cliente lo pruebe; además, ofrecen la posibilidad de comprar una caja surtida.

Hay muchas tiendas especializadas en cada capital. Consulte las guías de vinos de publicación anual (como la *Guía Peñín* o *Gourmets*) para saber cuáles son las mejores para cada necesidad y localizar el establecimiento más próximo. Algunas de esas vinaterías realizan sus entregas por toda la provincia (si se pide una caja o más); otras, sólo por un área más restringida, por lo general en un radio de unos 25 km, y muchas atienden pedidos por correo.

La Catedral de los Vinos, en Haro, La Rioja, es especialista en vinos de la región; se pueden hallar incluso joyas de coleccionista. La Vinia, con representación en

abajo Comerciantes especializados y vinaterías independientes suelen ofrecer el vino por cajas más barato que por botellas.

Madrid y Barcelona, tiene algunas botellas excepcionales de vino californiano. Y si se busca algo dulce y meloso de Austria, Alemania u Oporto, el Celler de Gelida, en Barcelona, es el lugar indicado. Bodegas Santa Cecilia posee dos establecimientos especializados en Madrid, con un extenso surtido de las primeras marcas de vinos españoles, y una selección de grandes vinos internacionales. Para conocer mejor los vinos españoles y europeos, visite Lafuente en Madrid o Barcelona, o el Club del Gourmet de El Corte Inglés. Catavinos, en Palma de Mallorca, es uno de los mejores comercios especializados de la isla, con una extensa y cuidada selección de vinos nacionales y buenas referencias internacionales.

Si no dispone de mucho tiempo, tal vez prefiera comprar desde la comodidad de su casa. Hágase socio de un club de vinos. Podrá pedir por correo los vinos que figuran en los útiles catálogos y recibir periódicamente boletines con información sobre cada vino y su productor; además, de vez en cuando estos clubes organizan cenas o catas. Es posible que le ofrezcan la posibilidad de comprar en avanzada (*en primeur;* véase más adelante) o estuches surtidos. El inconveniente es que muchos de los vinos de estos clubes son bastante corrientes (porque son los más fáciles de vender) y no se pueden probar antes de comprarlos para apreciar todas sus características. Encontrará información sobre los clubes de vino en periódicos nacionales y locales, en revistas sobre vitivinicultura y en las tiendas especializadas.

Internet

El vino tiene una gran presencia en la red, y aún la tendrá mayor. En las primeras etapas se produjeron algunos fallos, y algunas webs especializadas han desaparecido, pero el vino sigue en la red. Hay muchas webs de bebidas alcohólicas, pero millares de ellas de vinos.

En la red están todos, desde los aficionados más modernos a los comerciantes de vinos más clásicos. Las compañías con más éxito serán las que se las arreglen para combinar los elementos tradicionales de la venta de vino al por menor con todas las posibilidades que Internet puede ofrecer. Aparecerán nombres nuevos; otros corresponderán a los comerciantes de confianza que apuesten por este medio.

Internet atrae a mucha gente, desde el bebedor ocasional que busca las mejores gangas en las estanterías de los supermercados al verdadero coleccionista que trata de conseguir algo fuera de lo común.

Las ventajas que ofrece frente a comprar en el supermercado o la bodega, o hacer un pedido por correo son las siguientes: no hay que moverse del escritorio, y se puede explorar las regiones que se desee, o fijar un precio límite, o elegir un estilo (o especificar las tres cosas), y aparece toda una gama de vinos que cumplen esos requisitos (si hay suerte, incluso acompañados de notas de cata). Todo esto va seguido de una entrega rápida y cómoda. Los precios son a veces más bajos, y las posibilidades de elección, mayores. El potencial del circuito de información del cliente es enorme y las escasas posibilidades del supermercado (una estantería de botellas de vino de nombres poco conocidos y un personal incapaz de ofrecer información) se ven superadas por las dinámicas facilidades que ofrece la búsqueda en la red, por la gran cantidad de información que proporciona y por la entrega a domicilio.

Las mejores webs de vinos ofrecen además un servicio de preguntas y respuestas vía e-mail: unos expertos que superan con creces en conocimientos a los del supermercado o la vinatería contestan cuestiones tan concretas como qué vino servir con cierta comida.

La red es una gran fuente de información general, así como una herramienta educativa extraordinaria para mejorar los conocimientos sobre el vino, con comunicación directa entre productor y cliente (los vinicultores pueden ahora recibir la opinión de sus clientes sobre sus vinos). Además de encargar vino, se puede visitar regiones vinícolas virtuales como South Africa's y conocer las últimas noticias sobre

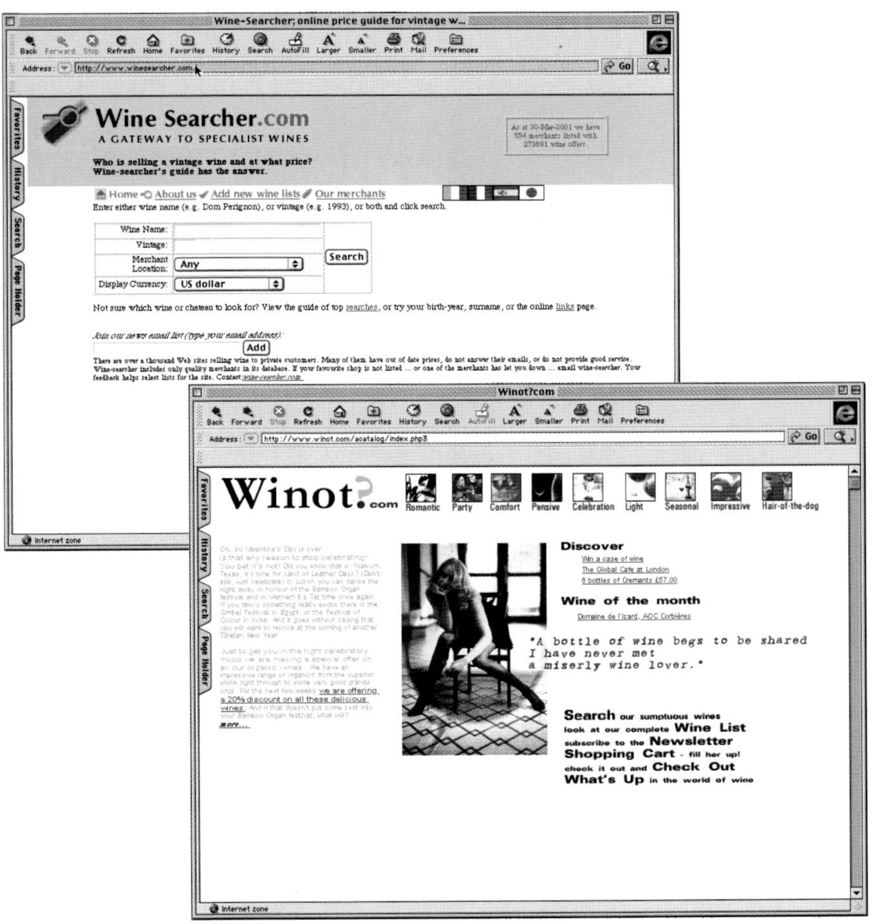

arriba En la red no sólo se puede encontrar abundante información sobre el vino, sino también comprar o participar en subastas.

el incendio de unos viñedos o el peligro de heladas; estudiar las notas de cata de los expertos sobre vinos de las últimas cosechas; leer las revistas más recientes sobre vinos del mundo, e incluso aprender cómo se realiza la vinificación, y todo con total comodidad.

En la red también se convocan subastas. Lo hacen incluso empresas tan tradicionalistas como Sotheby's, cuya web es: www.sothebys.com.

Una de las mayores ventajas de la red es la posibilidad que ofrece de investigar. Cualquiera que busque vinos finos y raros –por ejemplo, una botella de oporto *vintage* del año en que nació su padre para celebrar sus sesenta años– puede ahora rastrear el mercado entero. Si se conoce el vino, pero no se sabe quién lo vende, sitios como www.todovino.com ofrecen datos de centenares de comerciantes de todo el mundo. Y si se ha disfrutado de un vino en un restaurante y se quiere averiguar dónde conseguirlo, resulta útil la dirección www.winesearcher.com.

En avanzada (*en primeur*)

Comprar vino antes incluso de que sea embotellado puede parecer algo arriesgado, pero es una práctica común con vinos de Burdeos y, cada vez más, de algunas otras regiones vinícolas. La forma tradicional de designar esta forma de venta de vino es *en primeur*; actualmente, en castellano, se dice *en avanzada* o *en primicia*.

izquierda Comprar el vino mientras todavía está en la barrica y un año antes de que sea embotellado es arriesgado, pero puede resultar interesante, no sólo desde el punto de vista económico.

Comprando el vino de este modo, no sólo se puede tener la tranquilidad de adquirir las botellas que se quieran de un vino que se aprecia aunque esté muy solicitado, sino que también resulta más barato, al menos en teoría. Tiene sus ventajas cuando la demanda excede la oferta, como ocurrió de forma bastante espectacular en Champagne en la década de 1980. En el aspecto negativo, hay que considerar que a veces los precios del vino pueden estabilizarse o incluso caer; que el tipo de cambio de las divisas puede variar, o, lo que es peor, que el intermediario (entre el comprador y el productor) puede declararse en bancarrota y dejar al cliente sin su pedido o con una mínima parte.

También hay que valorar la cuestión del sabor: confiar la propia inversión a la valoración de un tercero basada en la cata de la muestra de una sola barrica, realizada seis meses después de la recolección y un año antes del embotellado, es arriesgado.

Cuándo comprar

Sólo en las mejores añadas y sólo los mejores vinos; cualquier otra cosa es una locura. Hay que consultar siempre los informes sobre las añadas.

Qué comprar

Aconsejaríamos, en primer lugar, *crus classés* de Burdeos, tintos, y buenos *crus bourgeois* (véase página 70); *crus classés* de Sauternes; tintos y blancos del norte del Ródano; tintos y blancos borgoñones de los mejores productores; oportos *vintage*; vinos producidos en las mejores propiedades de Napa, California, y una selección de nombres italianos importantes. Este sistema de compra no está aún demasiado generalizado en España, aunque empezó con fuerza en 1994 y 1995, cuando la calidad y el prestigio de algunas cosechas en Rioja llevó a un exceso de especulación con los precios.

Cómo se procede

Las muestras de las barricas se dan a probar tradicionalmente en la primavera posterior a la vendimia. Las ventas se negocian a través de corredores y marchantes. Se paga en cuanto se ha fijado el precio, pero no se recibe el vino hasta al cabo de dos años, naturalmente después de pagar los aranceles y todos los gastos de transporte. Por lo general, el productor sólo vende una pequeña parte de su producción total en avanzada, y es él quien establece el precio.

Cómo se deciden los precios

Dependen de la cosecha. Los vinos de una buena cosecha serán más caros que los de una cosecha difícil. También influye la cuestión jerárquica: la ley del más fuerte de los numerosos *crus* afecta al precio. Pero cuando un productor fija unos precios demasiado elevados y después, dos años más tarde, el vino no da la talla, su reputación se ve afectada.

Cómo empezó

Hace algún tiempo que existe la venta de vino en avanzada, pero hasta hace poco era un negocio al por mayor. Hoy día los consumidores se pueden beneficiar de ella directamente. Este sistema de compraventa fue establecido entre los propietarios de un *château* y sus marchantes (los *négociants*) para favorecer la circulación del dinero, pues el productor debía mantener el vino en barricas durante dos años antes de embotellarlo, con lo que veía inmovilizada gran parte de su capital.

Compra directa y subastas

Comprar directamente al productor permite establecer un contacto más próximo y personal con él y llegar a conocer –si se desea– cada etapa de la historia de la elaboración del vino que se adquiere.

Sin embargo, no se puede acudir a cualquier viejo *château* con el maletero del coche abierto, especialmente en Burdeos. Allí muchos *crus classés* no se pueden vender directamente al público, pues existen acuerdos con los *négociants* que lo impiden. El resto se vende sólo con cita previa. Ocurre lo mismo en Borgoña, aunque las cosas están cambiando lentamente. Pero fuera de esas regiones, la política es de puertas más abiertas.

Fuera de Europa, la compra directa funciona de forma muy distinta. En Australia, por ejemplo, muchas bodegas tienen un área de degustación abierta al público casi todos los días de la semana. Se puede probar antes de comprar, y muchas veces adquirir vinos imposibles de encontrar en cualquier otra parte.

Comprar el vino de esta forma habitualmente, y no sólo, por ejemplo, aprovechando un viaje, sólo compensa si se piensa beber –o vender– grandes cantidades (en el caso del propietario de un pequeño café o un restaurante, por ejemplo, que quiere adquirir por sí mismo el vino de la casa): se podrá ahorrar un 10 o un 15 %. En cambio, habrá que enfrentarse al papeleo (formularios de aduana, cálculo de los gastos de transporte), a fuertes derechos de importación e impuestos, al peligro de robo y de que los vinos resulten dañados por el viaje o tengan defectos (pues no existe un servicio posventa), y a otros quebraderos de cabeza. Muchas pequeñas bodegas no están equipadas para atender pequeños pedidos internacionales. Si realmente quiere seguir comprando un descubrimiento extraordinario, entre en contacto con un distribuidor e indíquele cuál es el vino que desea, aunque, naturalmente, tendrá que pagar precios cercanos al de la venta al por menor.

En subasta

En las subastas de vinos es importante no dejarse llevar por la pasión si no se quiere pagar el doble de su precio en una bodega por un burdeos *premier cru* (véase página 96). Sin embargo, también se puede pujar por correo, fax o correo electrónico, lo que tal vez será más aconsejable para las personas excitables.

Siempre que se haga bien, comprar vino en una subasta puede redundar en un ahorro. No se subasta vino de mesa, pero tampoco únicamente botellas raras de añadas codiciadas; en un catálogo de subastas es posible encontrar vinos corrientes o recién puestos a la venta por menos dinero que en una tienda de vinos. Procure atenerse a un precio, y tenga en cuenta que deberá sumar al importe final la comisión y posiblemente impuestos sobre la venta.

El vino que se subasta suele estar siempre en buenas condiciones, porque por lo general los subastadores son expertos en vinos y comprueban con todo detalle la procedencia de los que subastan, el tiempo que han estado guardados y dónde se compraron originalmente. Las mismas reglas le aplicarán a usted si decide vender vino en una subasta (la única forma legal para un particular de hacerlo); un subastador lo rechazará si no ha estado correctamente almacenado (en una bodega con la temperatura y la humedad controladas).

El precio del vino

¿Qué es lo que hace que una botella de vino cueste 30 euros y otra 6 euros? ¿Cómo puede una botella de vino alcanzar los 15.000 euros en una subasta (como los alcanzó en Sotheby's de Nueva York, el 19 de noviembre de 1999, una sola botella de Château Lafite de 1811)? El precio del vino depende de muchos factores: el prestigio de la región y el productor, la cosecha, la demanda, e incluso la abusiva subida del precio para hacer creer que se trata de un vino de gran calidad. También influyen el precio de las uvas y el coste del trabajo; las inversiones realizadas por el productor en mejoras de su bodega; la política de precios del productor y/o el distribuidor; el coste del transporte, el embotellado, el etiquetado y el marketing, y finalmente impuestos y aranceles.

Así pues, el precio del vino no refleja necesariamente su calidad: toda clase de factores pueden determinarlo. Tres de ellos serían: los costes de producción, que en algunos países son mucho más bajos que en otros (por ejemplo, en América del Sur); la fluctuación de la moneda (aunque no siempre repercute en el consumidor), y los acontecimientos políticos (la caída del comunismo en Europa Oriental dejó excedentes de vino en países como Bulgaria y Hungría).

También hay que pensar en las mismas uvas. Por lo general, los precios se fijan anualmente teniendo en cuenta la oferta y la demanda, además de las características de la cosecha. Las uvas se suelen comprar y vender considerando su variedad y su contenido de azúcar (cabe apuntar que la mayor parte de las uvas para vino no se cultivan en las tierras de los vinicultores, sino que éstos las compran a viticultores independientes).

En muchas regiones un organismo especial supervisa los precios de la uva, aunque por ejemplo en Estados Unidos los viticultores pueden negociar a título personal con bodegas particulares. El contenido de azúcar es la medida de calidad más corriente; por ejemplo, las mejores uvas cultivadas en climas fríos son las que alcanzan pesos de mosto más elevados, una importante medida de la madurez de la uva, aunque en los climas de templados a fríos no hay problema para conseguir que los niveles de azúcar suban: entonces son otros los factores que entran en juego.

Las bodegas que más dinero mueven incentivan a los viticultores para que produzcan buena calidad de fruta. En algunas bodegas, las uvas se vinifican por separado y se piden precios más elevados por los vinos elaborados con las mejores partidas de uvas de un viñedo singular.

En relación con los viñedos, el precio pagado por la tierra es otro factor de coste. La región –o incluso un determinado viñedo– tiene un efecto crucial en la calidad del vino, y por regla general cuanto mayor es la calidad del vino, más caro es el precio de la tierra. El precio por hectárea varía enormemente de una zona vinícola a otra: una buena tierra, ya plantada, en el Napa Valley de California, cuesta más de 140.000 euros por hectárea; una tierra adecuada para un viñedo en el famoso suelo de tierra roja de Coonawarra, en Australia, está alrededor de los 35.000 euros por hectárea.

Incluso Argentina ha dejado de ser una opción barata: Tupungato, una nueva área de cultivo de clima frío de gran calidad en la región de Mendoza, ha visto saltar los precios de la tierra de 300 euros por hectárea a 3.000 euros en menos de cinco años (y siguen subiendo), debido al incremento de la demanda por parte de inversores extranjeros.

abajo La calidad de los vinos que se venden en subasta está prácticamente garantizada, pero su precio dependerá de una compleja mezcla de factores.

Organización de la bodega

Imagine que durante las vacaciones ha probado un vino en un restaurante. Le ha gustado mucho y quiere comprar un par de botellas en el supermercado, el aeropuerto o la vinatería para llevárselas a casa y guardarlas para una ocasión especial.

Unos meses después, la ocasión se presenta, descorcha una botella y sirve una copa a sus amigos, contándoles la historia del momento en el que degustó por primera vez el vino. Sin embargo, no tarda en llevarse un chasco: huele y sabe a vinagre. Esto se debe sin duda a que ha guardado el vino sin almacenarlo de la forma correcta.

abajo La cocina, con sus constantes cambios de temperatura y de humedad, a los que probablemente se suma una iluminación solar directa, no es en modo alguno un lugar adecuado para almacenar el vino.

Si hubiera seguido unas sencillas reglas, se habría evitado la decepción.

Cuándo conservar el vino

Hoy día, la mayor parte del vino se elabora para beberlo en el momento en que se comercializa, simplemente porque alrededor del 90 % de todo el vino que se pone a la venta se bebe en las cuarenta y ocho horas siguientes al momento de la compra. No mucha gente lo guarda más tiempo. Pero como el interés por el vino va creciendo desde el momento en que se inicia, es posible que usted pronto piense en organizar una pequeña cava en su casa.

Las técnicas de elaboración del vino han cambiado. Ahora, el objetivo primordial es obtener un máximo de fruta y un mínimo de tanino, y eso se consigue, de modo que no es necesario esperar cinco años o más para que el vino esté a punto

para beberlo. En efecto, actualmente, cuanto más tiempo se deja pasar, peores se vuelven la mayoría de los vinos: toda la frutalidad, fresca y vivaz, desaparece si la botella se guarda demasiado tiempo. Sólo el mejor 10 % de todos los tintos y alrededor del 5 % de todos los blancos mejora una vez transcurridos cinco años, y solamente un 1 % tiene capacidad para resistir una década o más.

La cuestión es saber qué vinos se pueden o se deberían guardar, y cuáles hay que beber con relativa inmediatez.

La contraetiqueta de una botella aconseja acertadamente sobre cuándo hay que beber el vino. En cuanto a los vinos más caros, ni en la tienda de vinos de la localidad ni en el supermercado los compran para guardarlos en bodegas, sino para venderlos cuanto antes. Y eso significa que los vinos caros de esas estanterías son probablemente los que proporcionarán menos placer si se piensa consumirlos enseguida, pues necesitan más tiempo para madurar y todavía son demasiado tánicos y poco afrutados.

En general, la regla es que cuanto más cara sea una botella, más recompensará en términos de envejecimiento: pasados cinco años, o más, el equilibrio de aromas frutales y las notas características del vino envejecido en botella le darán un sabor mucho más delicado. Sin embargo, habrá quien prefiera un cabernet joven, tánico, atrevido, con aromas frutales primarios. En último término, todo se reduce a una elección personal.

Cómo almacenar el vino

El modo de almacenar el vino afectará a su envejecimiento. Si la temperatura cambia constantemente y el vino está expuesto a la luz, envejecerá de modo prematuro. Si está expuesto a temperaturas muy frías durante varios meses, el vino no se desarrollará adecuadamente. También un calor extremo producirá graves perjuicios. Por ejemplo, una caja de vino que se haya dejado sobre una ardiente superficie alquitranada durante su traslado desde la bodega hasta el almacén del comerciante habrá podido sufrir, porque las botellas quizás habrán

UNA GUÍA RÁPIDA PARA ALMACENAR EL VINO

BLANCOS PARA CONSERVAR CINCO AÑOS O MÁS

Sémillon
Riesling
Chenin blanc del Loira
(las versiones de cosecha tardía de este vino pueden envejecer durante mucho tiempo)
Vinos dulces botrytizados
Borgoña blanco *grand cru*

BLANCOS PARA BEBER INMEDIATAMENTE

La mayoría de los varietales más baratos
La mayoría de los vinos del país
Rosados
Asti y moscato spumante
Cualquiera que lleve indicado "vino de mesa"
Cualquiera que se presente en jarra, *brick* o lata
Manzanilla y fino jerezanos
Albariño
Pinot gris
Muchos blancos italianos
Vinho verde de Portugal

TINTOS PARA CONSERVAR CINCO AÑOS O MÁS

Shiraz
Nebbiolo
Muchos tintos portugueses,
– especialmente los del Duero (o Douro)
Madiran
Médoc
Graves
Cabernet Sauvignon,
– especialmente el californiano
Hermitage
Supertoscanos
Brunello di Montalcino
Barolo
Barbaresco
Amarone
Ribera del Duero reserva
Oporto *vintage*

TINTOS PARA BEBER INMEDIATAMENTE

Cualquiera que lleve la indicación "vino de mesa" o vino del país
Cualquiera que se presente en jarra, *brick* o lata
Vinos jóvenes
Tintos alemanes
Tintos alsacianos
Tintos del Loira
Dolcetto
Lambrusco
Muchos tintos de Europa Oriental
Oporto Ruby

arriba En la bodega, hay que evitar almacenar las botellas en posición vertical. También es preciso controlar cuidadosamente la humedad y la temperatura.

"llorado" (lo que se dice cuando el vino rezuma a través del corcho) y resultado dañadas para siempre.

El vino vive y respira, y el modo en que se manipula afecta a su sabor. No se trata ahora del vino que se guarda para beberlo el día o la semana siguiente (aunque una tarde pasada en un coche que está al sol o en un ambiente cargado no le hace ningún bien), sino del vino que se desea conservar un tiempo, ya sea unas semanas o unos años.

La manera exacta en que el vino se desarrolla en la botella es todavía en parte un misterio, pero la investigación ha demostrado que temperaturas inferiores a 5 ºC y superiores a 20 ºC impiden que el proceso se realice adecuadamente. Si el vino se almacena a una temperatura más elevada, madura con mayor rapidez. Eso no quiere decir que un vino tánico que se desee beber cuanto antes tenga que colocarse en un rincón especialmente caliente para "favorecer" su evolución. Ni tampoco que las botellas se puedan dejar sobre el frigorífico, por donde pasan frecuentes vaharadas de aire caliente y sometidas a una vibración constante. Aún peor sería dejarlas junto a los fogones. Lo que el vino necesita es una temperatura fresca, reposo y un lugar oscuro.

La temperatura debe ser inferior a la normal de una habitación. La temperatura ideal para el vino oscila entre los 10 ºC y los 15 ºC. Si se tiene la fortuna de disponer de una bodega, aunque se produzca alguna variación estacional, ésta no afectará tanto al vino como las oscilaciones diarias de la temperatura, que hacen que los vinos se expandan y contraigan continuamente en la botella y que el corcho sufra, incluso que tal vez rezume líquido y deje alrededor del borde del cuello de la botella una sustancia almibarada, densa y pegajosa.

Si posee un frigorífico especial con control de temperatura para almacenar el vino,

no tendrá ningún problema. Pero si almacena las botellas en un sótano o un espacio bajo la escalera, entonces será aconsejable que instale un termómetro para detectar cualquier posible fuente de calor o de frío excesivos y proceda a aislarlos.

La humedad es otro de los factores que afectan a la evolución del vino, no tanto por el líquido como por el corcho. Éste es el motivo por el que las botellas se guardan en posición horizontal: de no estar en contacto con suficiente humedad, el corcho podría encogerse por deshidratación. El nivel de humedad ideal en una bodega se sitúa alrededor del 75 %. Un exceso de humedad haría que las etiquetas se desprendieran y los corchos se pusieran herrumbrosos. Si en su bodega huele humedad, localice el punto de donde procede y séllelo con resina o con un revestimiento que contenga poliuretano especial, o cubra el suelo con una capa de arena seca. Si el ambiente es demasiado seco, compre un humidificador o improvíselo con un recipiente lleno de arena mojada.

arriba Almacene las botellas en posición horizontal para mantener el vino en contacto con el corcho, lo que evitará que éste se seque y se encoja.

El vino necesita también oscuridad, pues la luz lo perjudica, especialmente la del sol: reseca el corcho, desluce las etiquetas y envejece el vino con demasiada rapidez. También será útil recordar este factor cuando se sienta el impulso de llevarse un vino selecto de la estantería brillantemente iluminada de una tienda.

Posibilidades de almacenamiento

No mucha gente tiene la suerte de poseer una bodega, y las casas modernas, con calefacción central, no facilitan la conservación del vino. Por otra parte, un desván con un calor abrasador en verano y un frío glacial en invierno haría estragos en cualquier vino que se pretendiera conservar durante más de dos semanas.

En una casa o en un piso pequeños, casi cualquier rincón poco utilizado –una alacena, un viejo guardarropa, el espacio bajo las escaleras...– se puede adaptar para almacenar el vino. Sólo hay que tener en cuenta que sea oscuro, fresco y húmedo y que esté alejado de todo tipo de vibraciones, como las que emiten refrigeradores, generadores, calefactores y similares. Disponga las botellas horizontales para conservar los corchos húmedos y elásticos, de modo que garanticen un cierre hermético.

Si no dispone de ningún espacio adecuado, adquiera un armario bodega en un establecimiento especializado. Estos armarios tienen aproximadamente el tamaño de un frigorífico y permiten almacenar entre 30 y 500 botellas, o incluso más. Algunos modelos ofrecen la posibilidad de almacenar distintas botellas a temperaturas diferentes: una temperatura media en el compartimento inferior, para conservar las botellas a largo plazo, y una temperatura de servicio para los vinos de uso diario en el compartimento superior. Otra posibilidad es la de pedir a un amigo que le permita usar un rincón de su bodega, siempre, claro está, que el amigo sea de total confianza.

Si desea almacenar más de 250 botellas y no dispone del espacio adecuado, alquílelo. Existen profesionales que ofrecen esta posibilidad, desde el comerciante a quien se suele comprar el vino hasta el especialista en almacenaje de botellas. En España es difícil encontrar una vinacoteca que ofrezca esta opción, pero si lo consulta seguro que alguna le ofrecerá el servicio. Evidentemente, siempre que pague un derecho de almacenaje, que será más o menos elevado según la cantidad de botellas y según la relación que mantenga con el comerciante, deberá gozar de ciertas garantías. Cerciórese de que su vino se almacene separado de los pertenecientes al comerciante y de que quede claramente identificado. Es obvio que sólo se podrá rebuscar entre las botellas cuando la tienda o el almacén de vinos estén abiertos; por lo tanto, en esas condiciones se almacenarán sólo los vinos que aún estén lejos del momento ideal para beberlos, mientras que se conservará a mano, en casa, una provisión de los vinos que ya estén a punto.

Una pequeña habitación también se puede transformar en una bodega: el aislamiento se consigue con paneles de poliestireno, que mantienen la temperatura adecuada. O bien, aunque sale bastante caro, se puede equipar con un armario bodega bien grande con control de temperatura.

Si tiene jardín, puede excavar un agujero e introducir una bodega "en espiral" prefabricada. La bodega en espiral fue inventada en 1978 por Georges Harnois. Se trata de una construcción de hormigón con escalones y anaqueles para botellas, y no es demasiado cara. Un buen emplazamiento podría ser ser bajo el garaje o bajo el cobertizo del jardín.

El garaje también puede servir para almacenar el vino, siempre que esté correctamente aislado para evitar cambios de temperatura y olores. El cobertizo del jardín, sin embargo, no se debe utilizar en ningún caso.

Organización de las botellas

Esta sección está dedicada a quienes hayan decidido tomarse muy en serio la cuestión de la bodega: se ofrecen algunos consejos para organizarla, tanto si han decidido que contenga 200 como 2.000 botellas. Las opciones son ilimitadas, incluso organizando los vinos por su estilo: tintos carnosos; tintos ligeros, vinos espumosos; blancos aromáticos; blancos secos y vivos... Lo importante es que cuando se sepa qué se va a comer, elegir el estilo de vino adecuado resulte fácil. Una alternativa sería organizarlo por regiones.

Cualquiera que sea la opción que se elija, habrá que colocar los vinos que necesitan envejecer hacia la parte baja, o en un rincón de difícil acceso, y los que ya están a punto para beberlos, en lugares más accesibles.

Si se tienen bastantes vinos que necesiten un importante período de envejecimiento, habrá que considerar la conveniencia de almacenarlos juntos, en su propio espacio. Las etiquetas se pueden pulverizar con una laca no perfumada con el fin de preservarlas contra la humedad.

La opción más popular y barata para almacenar las botellas es hacerlo en estante-

rías de madera atornilladas a tiras de metal galvanizado, con lo que se consigue un sistema modular; pero también se puede optar por botelleros de madera o terracota. Las bodegas de estilo antiguo tienen unas grandes estanterías en las que se apilan hasta diez botellas: el vino se solía comprar por barricas y todo era de la misma clase, de modo que ésta resultaba una forma práctica de guardarlo. Naturalmente, hoy día no se manejan esas cantidades; lo normal es comprar una caja como máximo, e inlcuso sólo una botella de un vino especial.

El libro de bodega

Si el vino se guarda en una bodega, será muy importante poder encontrarlo sin dificultad. Para eso resulta interesante llevar un libro de bodega, que primero conducirá directamente a la botella que se esté buscando y después informará sobre las variedades de uva que encierra, cuándo se probó por última vez y qué es lo que se piensa de él. Puede incluso especificar detalles sobre la cosecha y la vinificación. En el libro de bodega también se puede apuntar dónde se compró un vino y por qué, cuánto costó, la opinión sobre él de los críticos y cuándo se considera que estará a punto para beberlo.

Cabe apuntar aquí que el tamaño de la botella también puede determinar el tiempo que el vino tarde en madurar. Si se posee un magnum (una botella de 1,5 litros) u otra

arriba En la bodega, el vino se puede organizar por regiones o por estilos. Es una buena idea colocar en el lugar más accesible los que ya están en su punto para beberlos.

botella más grande de lo común, hay que saber que el vino evolucionará más lentamente en éstas que en una botella estándar de 75 cl; a la inversa, evolucionará más rápidamente en una media botella (37,5 cl).

El vino también envejece mejor en las botellas magnum, aunque no se sabe realmente el porqué. Hay quien asegura que ello se debe a su mayor contacto con el aire (a causa de su mayor volumen), que hace más lento el proceso de maduración. Por otro lado, las botellas de champagne gigantes son más una cuestión de mercado que de mejor evolución (cualquier botella más grande que un magnum se suele llenar con vino elaborado en botellas más pequeñas). Y hablando de tamaño: la botella más grande que existe es la *nabucodonosor*, con una capacidad equivalente a la de 20 botellas de 75 cl, que se encuentra en Champagne y en Borgoña.

Resulta confuso que una doble magnum de Burdeos (equivalente a 4 botellas de 75 cl) se conoce en Champagne con el nombre de *jeroboam*, pero una *jeroboam* de Burdeos (equivalente a 6 botellas) se llama *rehoboham* (el tamaño inmediatamente superior al *jeroboam* de Champagne) en Champagne.

El vino en el mundo

El vino refleja su lugar de origen. En este capítulo haremos un viaje con breves paradas por el mundo del vino, empezando por el Reino Unido. Este país no tiene un papel importante, pero se está realizando un gran esfuerzo y ya se logra un espumoso aceptable. Después seguiremos por Francia, España, Italia, Portugal, Alemania y Austria, y echaremos una breve ojeada a Europa Oriental, Oriente Medio, Sudáfrica y Australia antes de acercarnos a Nueva Zelanda y de hacer una incursión por América Central y América del Sur. Luego nos dirigiremos a Estados Unidos y Canadá, para acabar con un breve rodeo por otras zonas. En algunos países de nuestro recorrido se incluye una información regional en la que se utilizan los símbolos que aparecen al pie de esta página para indicar los tipos de vino por los que son famosas las regiones seleccionadas.

Inglaterra y Gales

Aunque se suela ignorar, en Inglaterra se puede producir un buen vino. De hecho, el vino espumoso que se elabora es delicioso. Si nunca lo ha probado, aproveche la primera ocasión que se le presente. Inglaterra tiene unos suelos cretáceos bien drenados y un clima que proporciona una elevada acidez.

No ocurre lo mismo en lo que al vino tinto se refiere. Se cultiva cada vez más cantidad de pinot noir adaptada al clima frío, que se emplea en la producción de vino espumoso, y ahora se están empezando a elaborar buenos vinos con esas uvas. Pero los productores deben adquirir una mayor experiencia antes de empezar a proporcionar vinos elegantes.

La elaboración de vino no es nueva en Inglaterra: en el siglo XI hubo como mínimo 38 viñedos, algunos de ellos situados muy al norte, como los del condado de York. También el condado de Worcester tuvo fama por su vino, el llamado Cuvée Malvern.

Probablemente fueron los romanos quienes introdujeron el vino en Inglaterra. A juzgar por los recipientes de cerámica destinados a beberlo que se han desenterrado en sus antiguos asentamientos, sin duda elaboraron vino en la isla, donde floreció hasta que el clima empezó a cambiar.

En el siglo XIV, los veranos eran húmedos y nubosos. Entonces Enrique II se adueñó de Gasconia por su matrimonio con Leonor de Aquitania, y los británicos olvidaron su propia producción, al menos hasta hace cincuenta años.

derecha Oficialmente no existen en Gran Bretaña demarcaciones vinícolas, pero los viñedos, indicados aquí con puntos, sólo se encuentran en Inglatera y Gales.

arriba Vendimia de las uvas pinot noir en Dorking, Surrey.

El primer viñedo comercial de Inglaterra se estableció en Hambledon, condado de Hamp, en la década de 1950. Ahora hay 782 hectáreas de viñedo y aproximadamente 114 productores, con una industria que se está profesionalizando cada vez más, tanto en sus métodos como en sus actitudes. En consecuencia, Inglaterra está ganando cada vez más atractivo a los ojos de los turistas aficionados a la enología.

Cada vez más bodegas inglesas y galesas abren un restaurante o un café en sus dependencias, además de la más habitual vinatería, organizan rutas por los viñedos y proporcionan interesante información sobre la producción del vino.

Pese a que hasta ahora el gobierno británico ha hecho poco para alentar la viticultura inglesa, ha contribuido ya a impulsarla con sus primeras ayudas, si bien es cierto que mínimas.

Los vinos blancos ingleses tienen un aroma típico, de flores de saúco, manzana y grosellas con una nota final de pomelo. Se producen algunos vinos *off dry* (poco secos), pero los estilos muy secos van en aumento. También hay algunos vinos envejecidos en roble, pero generalmente tienen poco éxito, porque las notas de madera cubren el delicado aroma frutal. En Inglaterra los métodos de vinificación son muy similares a los de otros países del norte de Europa.

Las uvas

Las variedades de uva más plantadas en Inglaterra y Gales son la müller-thurgau, la reichensteiner y la seyval blanc, pero gradualmente se ven sustituidas por la chardonnay, la pinot blanc, la bacchus y la dornfelder, que están demostrando adaptarse bien en este territorio. Otras variedades conforman el resto de la producción, desde la schönburger a la pinot noir. A las uvas tintas les cuesta madurar debido a la insuficiente luz solar, y los viticultores se han lanzado a probar las técnicas modernas, como la utilización de invernaderos.

Las regiones

Oficialmente no existen demarcaciones vinícolas en Gran Bretaña, pero las uvas sólo se cultivan en Inglaterra y Gales, al norte hasta Durham y al sur hasta Cornualles. Aunque hay viñedos en todos los condados ingleses excepto seis, en su mayor parte tienden a concentrarse en los condados del sur de Inglaterra y Gales. Elegir bien el emplazamiento y racionalizar el cultivo del viñedo son las claves de la elaboración del vino en Inglaterra y Gales, donde se hace todo lo posible para mejorar las condiciones de falta de sol y exceso de lluvia.

La calidad

La clasificacióm oficial de los vinos ingleses y galeses fue establecida en 1992 con el *Quality Wine Scheme*. En la etiqueta de los vinos que merecen esa categoría pueden aparecer las palabras *English Vineyards Quality Wine psr* (o *Welsh Vineyards Quality Wine psr*), que indican que han sido producidos en una región específica. De acuerdo con la legislación europea, las variedades híbridas (como la seyval blanc) no merecen la categoría de vino de calidad. Por este motivo, en 1997 se aceptó el *Regional Vine Scheme*: los vinos que alcanzan el nivel necesario pueden llevar en la etiqueta las palabras *English Counties Regional Wine* (vino regional de los condados ingleses).

Francia

Francia ha vivido un cambio en las costumbres. Durante muchos años, incluso siglos, los grandes nombres de las regiones clásicas de Francia no tenían competencia, pero un día los consumidores del resto del mundo descubrieron que hay vino más allá de Burdeos y Borgoña. Los nuevos países productores están aventajando a sus mentores, con vinos merecedores de confianza y fáciles de beber. Los franceses se han visto obligados a reaccionar. Han limpiado sus bodegas, han instalado tanques de acero inoxidable y ahora adoptan los últimos avances. El resultado ha sido una amplia mejora del vino francés a todos los niveles.

Las uvas

En Francia se vinifican muchas variedades de uva, que son diferentes de una región a otra. Aquí citamos algunas de ellas.

La mayor parte del tinto de Burdeos se elabora con una mezcla de tres a cinco variedades de uva: cabernet sauvignon, cabernet franc, merlot, petit verdot y malbec. Los blancos incluyen sauvignon blanc y sémillon. En Borgoña mandan la pinot noir y la gamay, mientras que la chardonnay es la reina suprema de todos los blancos. Todo el champagne se elabora sólo con tres variedades de uva: chardonnay, pinot noir y pinot meunier. En la región del Ródano se cultuivan 13 variedades de uva, entre las que se incluyen la syrah, la garnacha (o grenache), la mourvèdre y la viognier. En Alsacia se utiliza una mezcla de variedades francesas y alemanas, entre ellas la gewürztraminer, la riesling y la pinot gris. En el Loira usan unas uvas de Burdeos y otras de Borgoña, incluidas la sauvignon blanc y la cabernet franc.

Las regiones

1 Burdeos
2 Borgoña
3 Champagne
4 Alsacia
5 Valle del Loira
6 Côtes du Rhône
7 Jura y Saboya
8 Suroeste
9 Languedoc-Rosellón
10 Provenza

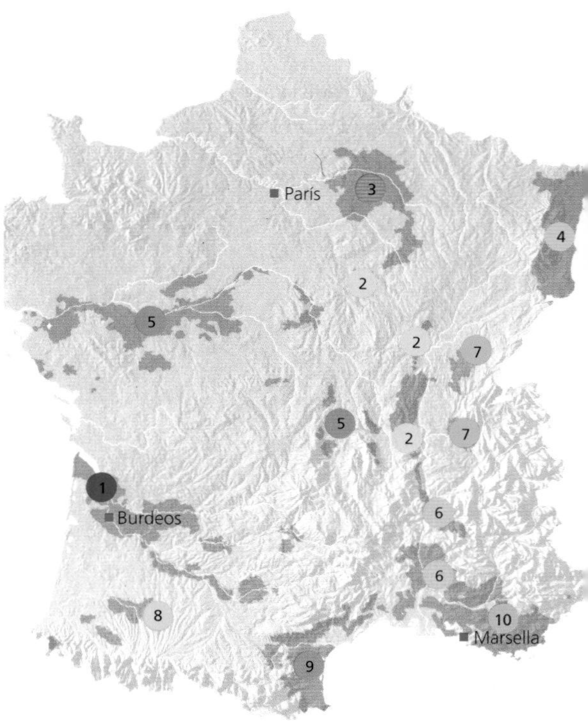

arriba Los viñedos de Provenza están plantados en piedra caliza y han ganado terreno a los bosques de pinos. La región produce algunos vinos elegantes y otros más lineales, como los Côtes de Provence.

Son muchas las uvas que se utilizan en el sur, en el Midi: los tintos clásicos incluyen cabernet sauvignon, merlot y mourvèdre; los blancos incluyen sauvignon blanc y petit y gros manseng.

Las regiones

Francia goza prácticamente de todas las condiciones que se pueden requerir para el cultivo de la vid, desde el frío norte con suelos cretáceos al soleado sur perfumado con aromas de tomillo.

Champagne

Empecemos por el norte, por la región de Champagne. No deja de ser curioso pensar que, sin las burbujas, el champagne sería imbebible. Su frío origen implica que las uvas, incluso cuando están totalmente maduras, tengan todavía altos niveles de acidez. Pero el vino, sabiamente combinado con levadura y una pequeña cantidad de azúcar, origina un champagne de una gran finura y equilibrio. Extendida por las colinas que rodean las ciudades de Reims y Epernay, la región de Champagne está dividida en cuatro áreas principales: Montagne de Reims, Côte des Blancs, el valle del Marne y Aube. El champagne es casi siempre una mezcla de uvas de estas áreas. El espumoso, según los libros de historia, nació de un error. En la década de 1660, un monje benedictino llamado Dom Pérignon no pudo controlar la fermentación del vino que quería elaborar debido a un tiempo imposible de predecir y obtuvo un vino con una espuma persistente. Horrorizado, vio cómo ese vino causaba sensación en la sociedad de París.

El punto de apoyo de cualquier casa de champagne son sus bruts sin añada. El objetivo es mantener un estilo uniforme, lo que se consigue mediante el llamado *assemblage*, es decir, mezcla, de una serie de vinos (*cuvées*) distintos. Un champagne se "declara" *millésimé* o *vintage* (con añada) en los mejores años. Las *cuvées* especiales se elaboran usando los mejores vinos para la mezcla, y

izquierda Los cuidados viñedos que cubren las colinas y las lindas casitas de Alsacia recuerdan un paisaje alemán.

se presentan en botellas de fantasía a unos precios también de fantasía.

Alsacia

Un poco más al este se encuentra Alsacia. Con sus colinas pobladas de bosques y sus pequeños y cuidados pueblecitos, no se parece en nada a Champagne. Es una región más germánica. De hecho, formó parte de Alemania durante algún tiempo, y fue devuelta a Francia después de la Segunda Guerra Mundial. Fiel reflejo de su historia mixta, los vinos se elaboran con variedades de uva mayoritariamente alemanas. Pero se diferencian de los vinos alemanes en que la graduación alcohólica es más elevada y son más secos. En su mejor momento tienen el característico aroma del *terroir* (el pago, la tierra en la que creció la uva; véase página 173), y los suelos de Alsacia son sumamente variados. La de *Vendange Tardive* (cosecha tardía) es la mención otorgada a los deliciosos vinos de cosecha tardía, mientras que *Sélection de Grains Nobles* (selección de granos nobles) designa los mejores vinos dulces, pero raros y caros. Alsacia también produce un buen espumoso, el crémant d'Alsace.

El valle del Loira

Dirigiéndose al sur desde París, se tropieza con Tours y con el Loira, el río más largo de Francia, famoso por los grandiosos castillos que se alzan a sus orillas. La región vinícola del Loira se divide en cuatro grandes áreas: Muscadet, en la desembocadura del río; Anjou; Turena, y el Loira superior, cada una con su peculiar estilo. El Muscadet es fresco y bajo en alcohol, y combina a la perfección con las ostras de la localidad. Lo mejor es elegir botellas en cuya etiqueta se indique Muscadet de Sèvre-et-Maine, y hay que buscar siempre las palabras *sur lie*, que significan que el vino se ha criado sobre sus lías, lo que le otorga un carácter más intenso. No merece la pena el Anjou Rosé; son mucho mejores el Anjou-Villages y el Anjou-Blanc. Los mejores tintos de Anjou son los de Saumur-Champigny. En Turena, se debe optar por tintos de Bourgueil y Chinon o, como vino dulce, por un vouvray elaborado con chenin blanc. El Loira superior es la cuna de los famosos vinos de Sancerre y Pouilly-Fumé, de gran temperamento, mientras que los de Menetou-Salon y Reuilly son similares, pero más ligeros.

Borgoña

Borgoña tiene los sistemas de clasificación más complejos de todas las regiones, y se necesitaría toda una vida para comprender los matices de sus diferentes pagos (*terroirs*). Simplificando, hay denominaciones generales (véase página 172), como Bourgogne Rouge, y denominaciones regionales, como Chablis. A continuación vienen los *vins de village*, y se citan los mejores *villages*, pueblos, por ejemplo, Meursault. Un escalón por encima está el *premier cru*, el segundo mejor viñedo de cada *village*; el nombre del *village* figura en primer lugar en la etiqueta –Mersault-Charmes, por ejemplo. Finalmente, tenemos los *grands crus*, los que ocupan la posición más elevada en la jerarquía de los vinos de Borgoña y proceden de los mejores viñedos. Éstos prescinden del nombre del *village* en la etiqueta y adoptan el del propio viñedo. Como los viñedos están en manos de numerosos pequeños propietarios, aquí los *négociants* solían llevar la batuta, pero ahora los mejores vinos proceden de viticultores que los embotellan ellos mismos.

La exclusividad de Borgoña reside en la complejidad de su geología, con sorprendentes diferencias entre vides cultivadas en terrenos muy próximos. El borgoña tinto varía de ligero, con aroma frutal de grosella roja (de lugares como Santenay) a amplio y robusto, con aroma de grosella negra (Gevrey-Chambertin). El mejor borgoña blanco alcanza una estructura importante, desde la rica exuberancia del Meursault a los silíceos Puligny-Montrachet y Chassagne-Montrachet.

La región de Borgoña empieza, de norte a sur, con el acerado chablis. La Côte d'Or es la parte central de la región, y se extiende hacia el sur desde Dijon hasta Santenay. Aquí es donde se producen los tintos y blancos borgoñones más importantes, en pueblos modestos y en pequeñas ciudades, tales como Beaume, o sus alrededores. Al sur de Côte d'Or están Côte Chalonnaise y Mâconnais, que producen vinos suaves y afrutados. Más allá está Beaujolais, donde los mejores vinos, (los *crus*) consiguen intensidad y cuerpo. Y no hay nada mejor que los jóvenes (*nouveau*) para empezar a familiarizarse con los vinos de la región.

Antes de dejar la Francia central, conviene observar las regiones vinícolas de Jura y Saboya, situadas al este, cerca de los Alpes. Particularmente los blancos de Jura tienen un característico sabor a nueces, mientras que Saboya cultiva una interesante variedad denominada altesse.

Ródano septentrional

El Ródano tiene viñedos en sus orillas a lo largo de casi todo su recorrido, desde su nacimiento en los Alpes suizos a su desembocadura, cerca de Marsella. La variedad de vinos a los que da lugar es asombrosa. En términos vinícolas, el valle del Ródano se ha dividido en Ródano septentrional y Ródano meridional. Los viñedos septentionales están emplazados en terrazas escalonadas de granito y producen algunos de los mejores vinos del valle: el Côte Rôtie, con su fragante syrah, es ahora tan caro como los mejores vinos de Burdeos y Borgoña, y se puede elegir entre los estilos individuales de Côte Blonde y de Côte Brune. Un poco más lejos están las dos pequeñas AC (denominaciones de origen controladas, véase página 97) de blanco: Condrieu y Château-Grillet: en las dos se cultiva una variedad de culto, la viognier, con su exquisito aroma frutal de albaricoque. Algo más arriba está Saint-Joseph, que produce tintos un poco más ligeros y suaves que los de Côte Rôtie.

Vienen a continuación Hermitage y Crozes-Hermitage. La primera produce uno de los vinos tintos más grandes del mundo, el elaborado con syrah, que necesita una década o más para expresarse plenamente. Los vinos ricos y oscuros de Cornas son mini-Hermitages. El Ródano septentrional finaliza en Saint-Péray; esta denominación, aunque pueda parecer extraño, demuestra talento en la elaboración de blancos espumosos.

derecha Saumur, la principal ciudad vinícola de la región del Loira, alberga varias de las empresas vinícolas más importantes.

Ródano meridional

El paisaje cambia de forma espectacular en el Ródano meridional. Monótonas llanuras se extienden hasta donde alcanza la vista. Los vinos también son diferentes. La fruta, una gran cantidad de variedades diferentes, madura fácilmente bajo el ardiente sol del verano. La mayoría de los vinos del sur del Ródano, que pueden ser tintos, blancos o rosados, están amparados por la denominación Côtes du Rhône. Un escalón más arriba en calidad se sitúa Côtes du Rhône-Villages, compuesta por 16 municipios diferentes. La denominación más prestigiosa en el sur es Châteauneuf-du-Pape, donde se elaboran vinos envueltos en perfumes de frambuesa, y unos cuantos blancos con aromas a melocotón. Gigonda también produce buenos tintos y rosados, con Vacqueyras siguiéndola muy de cerca, mientras Lirac y Tavel son famosas por sus rosados. El Clairette de Die, elaborado en el aislado valle del Drôme, es un vino chispeante con aroma a manzana.

arriba La garnacha negra (*grenache noir*), la variedad de uvas más extendida en la región, prospera en los inhóspitos suelos abrasados por el sol del Rodáno meridional.

Burdeos

Burdeos es el mayor productor de vinos de calidad de Francia. Los tintos son los más famosos (especialmente en Gran Bretaña), y los mejores se toman como punto de referencia en todo el mundo. Pero la región sufrió una crítica negativa, por parte en particular de los especialistas del Reino Unido, a causa de las vertiginosas subidas de precio de los vinos de la región situados en el más alto nivel, y eso, junto con el descenso de calidad en la zona baja del mercado, por no mencionar la creciente competencia de los vinos de los nuevos países productores, ha llevado a una caída de las ventas. Pero ahora la situación está cambiando: el Consejo Interprofesional del Vino de Burdeos (CIVB), la organización reguladora responsable de los vinos de esta región, ha anunciado que está dispuesta a tomar medidas.

El río Gironda fluye a través del corazón de la región. Un rápido vistazo a los nombres de los *châteaux* –Smith-Haut-Laffite, Lynch-Bages, Palmer– da una idea de la historia de esta localidad, donde familias inglesas, escocesas e irlandesas fundaron empresas comerciales y después empezaron a cultivar vides. Burdeos incluso perteneció a los británicos durante un tiempo, trescientos años a partir de 1152, cuando Enrique II se casó con Leonor de Aquitania. Pero fue en el siglo XVII, después de que los holandeses drenaran los pantanos, que se convirtieron en los viñedos del Médoc, cuando se inició la elaboración de vino y se construyeron los grandes *châteaux*.

Los vinos varían mucho de uno a otro. Una hectárea de viñedo puede diferenciarse tremendamente de su vecina debido a la elección de la variedad de cepas, a la diferencia de clima y de suelo y, por supuesto, a la personalidad del propietario del *château*. Bordeaux Rouge y Bordeaux Blanc son las denominaciones genéricas; Bordeaux Supérieur está sujeta a regulaciones algo más rigurosas. Están después las grandes áreas, como Médoc, Graves, Pessac-Léognan y Saint-Émilion, cada una con su propia AC, y otras áreas más pequeñas, como Pomerol.

Burdeos tiene también numerosas clasificaciones. En 1855, los châteaux más notables de Médoc fueron clasificados en cinco niveles por los comerciantes de vino de

Burdeos. Los cinco tratan de alcanzar la máxima calidad; También se clasificó una propiedad de Graves, Haut Brion. Por debajo están los *crus bourgeois*.

Provenza

En Provenza la producción de vino no se limita al fresco rosado que todos los turistas beben en abundancia durante sus vacaciones en la región. En efecto, las cosas han ido mejorando muy rápido. Ahora algunos productores ambiciosos elaboran vinos elegantes. Por ejemplo, obsérvese lo que está ocurriendo en Bandol. Algunos de los mejores vinos de la región proceden de esta pequeña denominación, que produce tintos densos con notas de trufa (aunque caros) y rosados con carácter. Côteaux Varois también está produciendo buenos vinos, así como las denominaciones provenzales de Cassis, Bellet, Palette, Côteaux d'Aix-en-Provence y Les Baux-de-Provence. Sin embargo, la mayor parte del vino de Provenza va etiquetado como Côtes de Provence, y cuesta mucho conseguir uno bueno. En cuanto a la cercana Córcega, la escarpada y montañosa isla ha mejorado recientemente su producción y ofrece buenos vinos de denominaciones como Patrimonio y Ajaccio.

Languedoc-Rosellón

Pese a su fama de región productora de vino sencillo y barato, en Languedoc-Rosellón se han elaborado algunos de los vinos más fascinantes de los últimos tiempos. La región se extiende desde Montpellier hasta más allá de Perpiñán, por los departamentos de Aude, Gard, Hérault y Pirineos Orientales. Están empezando a surgir grandes vinos, algunos elaborados con uvas tradicionales, como la syrah, otros con cabernet sauvignon o con chardonnay, ateniéndose a las regulaciones de los *vins de pays* para eludir las restrictivas reglas de las AC.

Otras regiones del sudoeste

Los tintos y blancos de Bergerac y Buzet se elaboran con las mismas uvas utilizadas en Burdeos y son comparables en calidad, pero su precio es mucho más económico. Si le gustan los taninos, elija un vino de Cahors, aunque ahora son más suaves de lo que lo fueron en el pasado. En Gaillac se elaboran vinos de todos los colores, pero los blancos son los más conocidos. Madiran produce interesantes tintos con la variedad autóctona tannat, mientras que Jurançon tiene blancos fascinantes que van de los secos a los dulces.

Calidad

Los vinos fanceses se ordenan según cuatro clasificaciones principales. La primera categoría es la *appellation d'origine contrôlée* (AOC o AC). Eso significa que los vinos proceden de la región vinícola que figura en la etiqueta y se elaboran con las variedades de uva tradicionales allí. A continuación está la de *vin délimité de qualité supérieure* (VDQS), con restricciones similares pero para regiones consideradas menos prestigiosas, no clasificadas como AC. Viene luego la de *vin de pays*, o vino del país, en cuya etiqueta se indica de dónde procede y a veces las uvas con las que se ha elaborado; en el sur la utilizan productores de vino emprendedores para evitar las limitaciones que impone la AC. Finalmente, el *vin de table*, vino de mesa, se puede elaborar con cualquier uva y de cualquier procedencia, y se puede prescindir de indicar la cosecha.

derecha En Hérault, en el Languedoc, hay más viñedos que en cualquier otro departamento de Francia.

La mourvèdre prospera en las terrazas del Château la Rouvière.

BANDOL

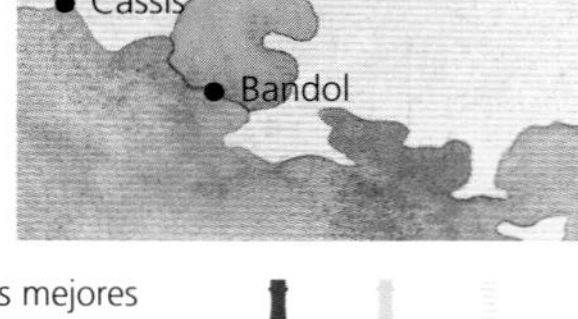

La pequeña denominación de Bandol, la más prestigiosa de Provenza, produce los mejores tintos de la región y algunos de los mejores rosados. Domina la robusta variedad mourvèdre, que se adapta en cualquier lugar pero que aquí brilla con notas de trufa y champiñón sobre un denso aroma de frutas negras. El nombre de Bandol se debe al puerto en el que antaño se embarcaban estos vinos para distribuirlos por todo el mundo. Los viñedos se extienden en terrazas orientadas hacia el sur, protegidos de los vientos fríos del norte. Aquí se cultivan asimismo la garnacha y la cinsaut, utilizadas en los rosados herbáceos. También se elaboran blancos, pero no son tan significativos.

Los tintos de la región se elaboran sobre todo con cabernet sauvignon.

PESSAC-LÉOGNAN

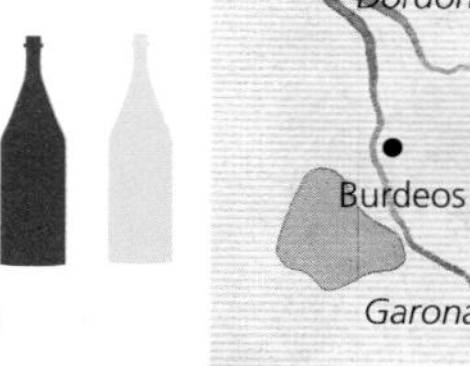

Es la mejor parcela de Graves, la gran denominación bordelesa que se extiende al sur de la ciudad con sus suelos de grava característicos. La denominación Pessac-Léognan es relativamente nueva: se creó en 1987. El nombre proviene de los dos municipios más importantes e incluye todas las propiedades citadas en la clasificación de los graves de 1959. Los vinos tintos se elaboran principalmente con cabernet-sauvignon, con alguna adición de merlot y cabernet franc. En su degustación se advierten notas que van del tocino ahumado al ladrillo caliente. Los blancos se producen con sauvignon blanc y sémillon, que se cultivan en las porciones más arenosas del viñedo; son poderosos y se conservan durante años.

El castillo está en ruinas, pero los viñedos papales continúan floreciendo en los terrenos rocosos.

CHÂTEAUNEUF-DU-PAPE

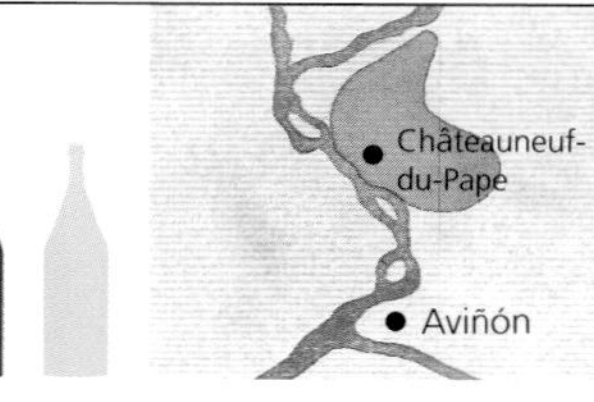

Châteauneuf-du-Pape produce los mejores vinos del Ródano meridional, con un característico aroma a frambuesa velado. El vino toma su nombre del nuevo emplazamiento de la corte del papa en Aviñón en el siglo XIV. Un viñedo papal le siguió muy pronto. Aquí se permite el cultivo de trece variedades de uva, aunque la garnacha es la principal. Domina las plantaciones en los suelos pobres y produce vinos que combinan concentración y la habitual frutalidad dulce de la garnacha. Existe una versión de vino blanco, elaborado con garnacha blanca y otras uvas, pero es relativamente raro y puede faltarle acidez y aroma frutal.

Frescor es la palabra clave para definir los blancos de Turena.

TURENA

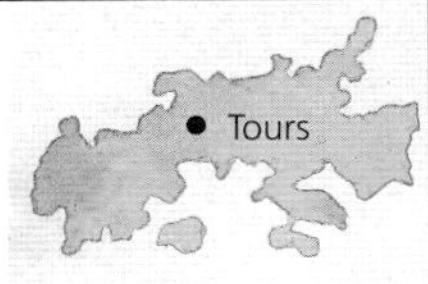

Turena, llamada el jardín de Francia, es la región más importante del Loira y se extiende alrededor de la ciudad de Tours. Turena tiene fama por sus tintos, procedentes de las denominaciones individuales de Bourgueil, Chinon y Saint-Nicolas-de-Bourgueil, y por sus blancos semisecos y dulces de Montlouis y sus espumosos de Vouvray. El clima varía mucho, con viñedos al este claramente continentales mientras que los del oeste están atemperados por el Atlántico. Asimismo, hay una gran línea fronteriza entre las variedades de uva. En términos generales, la sauvignon blanc y la gamay se cultivan al este. Los sauvignon más famosos del Loira son los de Sancerre y Pouilly-Fumé.

Los vinos de Madiran han experimentado una revolución en los últimos veinte años.

MADIRAN

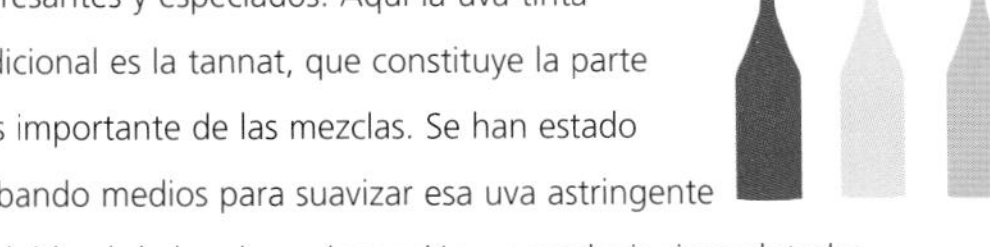

Madiran, una de las regiones más dinámicas de Francia, ha hecho de sus recios vinos tánicos vinos muy interesantes y especiados. Aquí la uva tinta tradicional es la tannat, que constituye la parte más importante de las mezclas. Se han estado probando medios para suavizar esa uva astringente –incluido el de la microoxigenación– y producir vinos dotados de aromas frutales que se puedan beber de inmediato, pero con potencial de envejecimiento. También hay muy buenos blancos. Son los denominados Pacherenc du Vic-Bilh, el nombre gascón para las fuertes mezclas de variedades locales, como la courbu y la petit manseng. El vino blanco puede ser seco o dulce, según la cosecha.

La iglesia vela los viñedos de gamay en Chiroubles, uno de los diez pueblos más importantes de Beaujolais.

BEAUJOLAIS

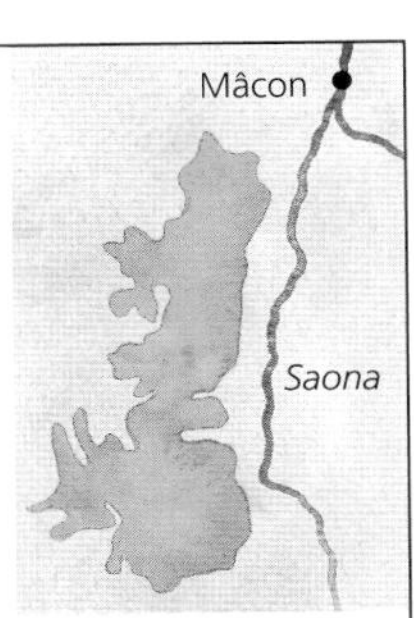

Además del *nouveau*, es recomendable probar el beaujolais-villages o, mejor aún, un *cru*. La variedad gamay es la estrella de esta denominación borgoñona. Prospera en las colinas graníticas del norte de Lyon y produce un vino brillante y afrutado. Las mejores de estas uvas, las procedentes de un *cru*, permiten elaborar vinos ricamente aromáticos, que incluso pueden mejorar al envejecer (aunque no más de dos años). Hay diez *crus*: Beaujolais, Brouilly, Côte de Brouilly, Régnié, Morgon, Chiroubles, Fleurie, Moulin-à-Vent, Chénas, Juliénas y Saint-Amour. Existen diferencias entre ellos, pero todos se elaboran con gamay.

España

En orden de importancia, España es el tercer gran productor de vino del mundo, y se mantiene junto a Francia e Italia en términos de complejidad. Será interesante saber lo que se piensa del vino español fuera de España. En el Reino Unido, la relación con el jerez se mantiene, pero también se conocen los suaves tintos de La Rioja cargados de aromas de vainilla (una de cada cinco botellas de vino español que se beben en ese país lleva la etiqueta Rioja) y se descorcha alguna botella de cava catalán, aunque sólo se está empezando a descubrir el resto.

Las cosas han cambiado mucho en España en los últimos diez años. El país ha invertido en nueva tecnología y nuevos viñedos, y ha realizado importantes mejoras en la elaboración de vino. El más barato ha mejorado enormemente y la abundante fruta en los jóvenes los hace muy atractivos.

En España siempre se había admirado la madera, pero ahora los productores han adoptado los sistemas de elaboración más modernos y utilizan tanques de acero inoxidable, mientras que la fermentación en frío y el embotellado precoz son la tendencia general. Entre tanto, un prolongado envejecimiento en roble queda desplazado, excepto para los mejores vinos tradicionales. Y ha resurgido el interés por los vinos españoles realmente finos, vinos que están llamando la atención a escala internacional.

España es una tierra de extremos, desde el inacabable verdor de las costas del norte hasta la tierra blanca y abrasada del sur, y

Principales DO y zonas de producción

1 Rioja y Navarra
2 Cataluña
3 Jerez
4 Cava
5 Ribera del Duero
6 La Mancha
7 Valdepeñas
8 Valencia
9 Montilla
10 Bullas
11 Vinos de Madrid
12 Campo de Borja
13 Txakoli de Vizcaya
14 Otras áreas DO

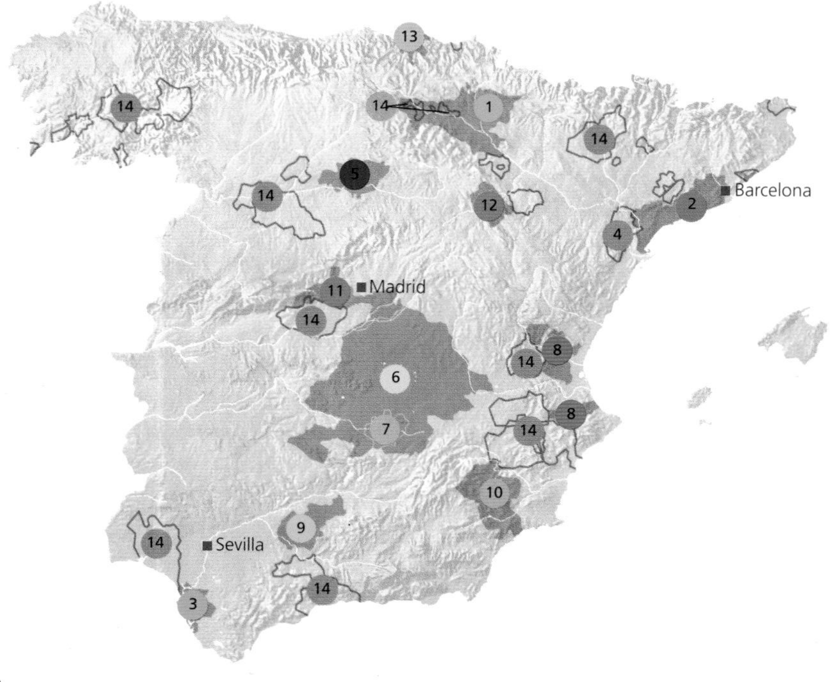

ese carácter se refleja en los vinos. Éstos abarcan desde los blancos secos y ligeros de la fría región atlántica de Galicia a los tintos carnosos y alcohólicos de Levante y del sur del Mediterráneo. En cuanto a Andalucía, es famosísima por el jerez.

Aunque España es el tercer país productor de vino, tiene mayor extensión de viñedos que cualquier otro del mundo. Eso ocurre porque el rendimiento es muy bajo debido al clima seco.

Las uvas

En España hay alrededor de 600 variedades de uva, pero el 80 % de los viñedos del país están plantados con sólo unas 20 diferentes. La garnacha es la variedad más ampliamente plantada con el objetivo de obtener vinos de calidad. La tempranillo es la segunda, con cariñena y macabeo en posiciones muy cercanas. Albariño está ganando terreno en Galicia y la verdejo, en Rueda. Variedades internacionales están realizando significativas incursiones en algunas partes de España, especialmente la cabernet sauvignon, la merlot y la chardonnay.

arriba El castillo catalán de Milmanda, del siglo XI, preside los viñedos de chardonnay que se extienden a sus pies.

Las regiones

Las regiones vitivinícolas son numerosas. En Galicia, los vinos más exportados son los de Rías Baixas y Ribeiro. En la mitad norte de España, Rioja va en cabeza. En la Ribera del Duero se elaboran algunos de los mejores vinos de España, y Cigales, Toro y Rueda pugnan por representar un gran papel.

En el nordeste están el prometedor Somontano y el sólido Penedès. El Priorato tienta los paladares con sus ricos tintos, mientras que más al sur, en las vastas llanuras del centro de España, están La Mancha,

derecha La Ribera del Duero se ha dado a conocer por producir algunos de los mejores vinos de España.

arriba Variedades internacionales como la sauvignon blanc se aclimatan bien en Cataluña.

con sus tintos suaves y fáciles, y Valdepeñas. En Jerez, Cádiz, es donde se elabora el famoso fino (*sherry*).

La calidad

Los tintos españoles envejecidos en roble se designan habitualmente con las palabras *crianza, reserva* o *gran reserva.* La estructura de la legislación española de clasificación es más o menos la misma que en otros países de la Unión Europea. El vino de mesa es la categoría básica; el vino comarcal es una categoría regional que se aplica a ciertos vinos de buena calidad que no entran en una DO particular; vino de la tierra es la designación correspondiente a los que proceden de zonas delimitadas reconocidas por su carácter específico; equivale al *vin de pays* francés. Denominación de origen (DO) es el equivalente de *appellation d'origine contrôlée (AOC).* En este momento hay 56, pero cada año se incorporan nuevas áreas. Denominación de origen calificada (DOCa) es como la *denominazione di origine controllata e garantita* (DOCG) italiana, y se aplica a los vinos con historia de calidad de las mejores DO. Hasta ahora sólo hay dos: Rioja y Priorato.

abajo La influencia combinada del clima montañoso y oceánico desempeña un papel primordial en el cultivo y la maduración de los viñedos de La Rioja.

RIBERA DEL DUERO

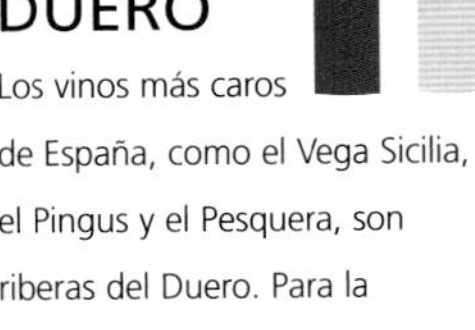

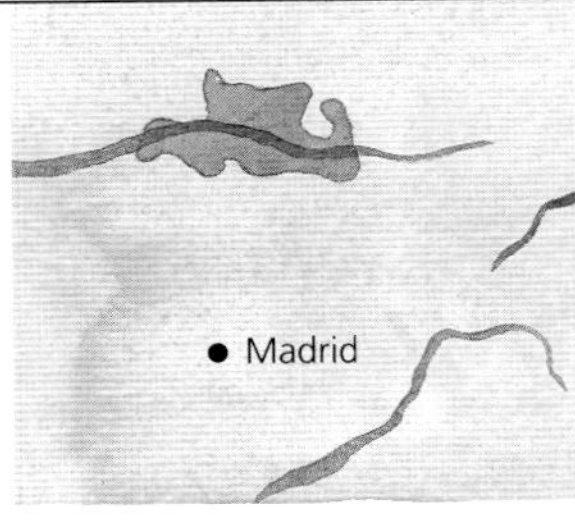

Los vinos más caros de España, como el Vega Sicilia, el Pingus y el Pesquera, son riberas del Duero. Para la elaboración de este rico vino tinto se emplea principalmente la variedad tempranillo (conocida como tinto fino o tinta del país). La mayoría de las bodegas se concentran en la árida meseta entre Valladolid y Aranda de Duero, a lo largo de las orillas del río Duero, llamado Douro en Portugal. No obstante, mientras que el oporto es famoso desde hace más de tres siglos, el éxito de los vinos Ribera del Duero es un fenómeno relativamente reciente.

En la Ribera del Duero, la variedad tempranillo es conocida como tinto fino o tinta del país.

El cava se elabora siguiendo el método tradicional o champañés.

PENEDÈS

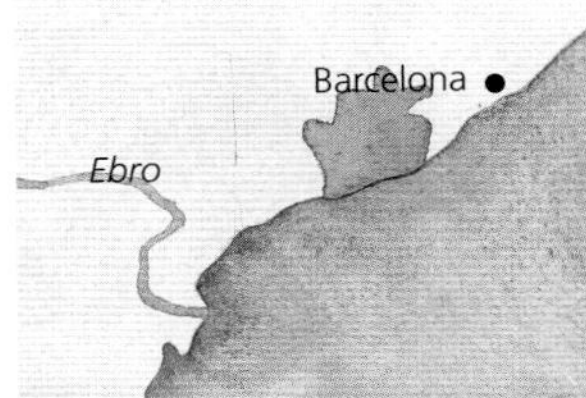

La región vinícola más importante de Cataluña, el Penedès, es famosa en todo el mundo por el cava, que puede ser excelente, aunque la mezcla de parellada, macabeo y xarel·lo no gusta a todo el mundo. Además, el Penedés es conocido por sus vinos tintos y blancos de estilo internacional. Miguel Torres, el productor de vinos más importante en esta área, elabora desde tintos con crianza en roble a sencillos blancos con aroma a limón. En la década de 1970 importó variedades y técnicas francesas, que fueron adoptadas en toda la región.

En las zonas del noroeste de clima más caluroso las vides se emparran en pérgolas bajas.

RÍAS BAIXAS

En esta región destaca la variedad albariño, aunque se cultivan otras uvas blancas, como la caino, la treixadura y, sobre todo, la loureira. El albariño resulta delicioso tanto acompañando la comida como solo. Este vino blanco con aromas de melocotón y albaricoque y matices de manzana es el mejor de Galicia, si no de toda España. Galicia forma parte de la España poco conocida de nubes y de lluvia, y rebosa verdor en las rías. Las vides se cultivan en suelos de granito y se emplea un sistema de emparrado alto que mantiene las uvas alejadas del suelo húmedo.

Portugal

A muchas las personas, cuando piensan en Portugal, lo primero que les viene a la mente es el oporto, esa bebida dulce y melosa con una nota de limón amargo que tanto gusta en el Reino Unido. También habrá quien recuerde la botella de Mateus Rosé que transformó en un pie de lámpara en los años setenta. No sólo el oporto es un muy buen vino que todo el mundo puede disfrutar en cualquier ocasión, sino que Portugal elabora también fabulosos vinos de mesa.

Es cierto que gran parte del vino producido en Portugal se consume en el mismo país (el consumo per cápita es muy alto). Y gran parte del vino portugués se elabora con numerosas variedades de uva autóctonas. Al extranjero se exportan sólo los grandes vinos, que abarcan desde los carnosos tintos del Duero (Douro) a los ligeros, casi burbujeantes vinhos verdes blancos. Al parecer, surge cierta tendencia a plantar variedades de uva internacionales, como la cabernet sauvignon y la chardonnay, pero los vitivinicultores del país se mantienen en su mayor parte fieles a sus uvas, concentrándose en actualizar los métodos de producción y mejorar las condiciones de los viñedos.

Y en cuanto al oporto, cabe apuntar que no sólo existe el *ruby*, tan apreciado por las personas mayores en el Reino Unido. El *tawny* de diez años es excelente como aperitivo recién sacado del refrigerador, y un oporto blanco con un chorro de tónica, hielo picado y una ramita de borraja resulta muy refrescante en un caluroso día de verano.

En resumen, Portugal es un pequeño país que tiene un gran futuro como productor de vino, y merece un lugar en la bodega o la mesa.

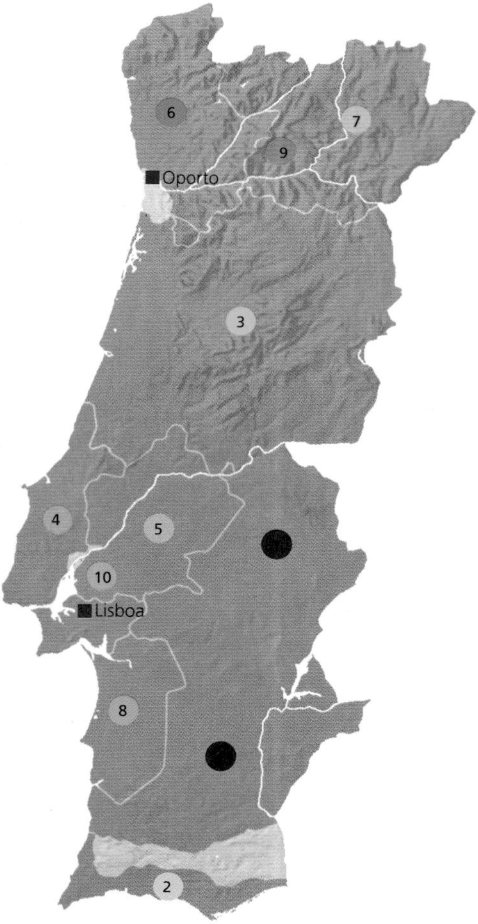

Oporto

Lisboa

1 Alentejo
2 Algarve
3 Beiras
4 Estremadura
5 Ribatejo
6 Vinho Verde
7 Tras-os-Montes
8 Terras do Sado
9 Douro (Duero)
10 Dão

Las uvas

Las uvas tintas más conocidas son la touriga nacional y la tinta roriz, famosas por el papel que desempeñan en la elaboración del oporto. También se incluyen las variedades baga y periquita, y son característicos los vinos blancos elaborados con la especiada fernao pires o la perfumada loupeiro. La uva blanca más famosa es la albariño *–alvarinho–*, con la que se elabora el vinho verde.

arriba Los pintorescos y pesados cuévanos para transportar las uvas recién vendimiadas colina abajo no son una mera atracción turística, si no que siguen teniendo una finalidad práctica en los viñedos del Duero.

Las regiones

En el norte del país está la DO Vinho Verde (vino verde, debiendo interpretarse "verde" como joven). La región del Douro (Duero) es la siguiente. Más abajo están la antigua Dão y, junto a ella, Bairrada. En dirección sur las siguen Estremadura y Ribatejo, con las regiones menos conocidas de Portalegre, Bucelas, Carcavelos, Setúbal, Terras do Sado y Colares. Finalmente está Alentejo, y no hay que olvidar Madeira, con sus extraordinarios vinos fortificados.

La calidad

La *denominação de origen controlada* (DOC) en la etiqueta indica el más alto nivel de calidad de los vinos portugueses. La segunda clasificasión de las regiones vinícolas más recientes lleva la etiqueta de *indicação de proveniencia regulamentada* (IPR). Las palabras *vinho regional* no indican necesariamente una calidad más baja, sino sólo que existe una mayor flexibilidad en cuanto a las variedades de uva utilizadas y al tiempo de envejecimiento permitido. Esta misma consideración es válida para el *vinho da mesa* (vino de mesa).

arriba El valle del Duero produce algunos vinos tintos de mesa muy interesantes, aunque es más conocido por ser la cuna del oporto.

abajo El oporto disfruta hoy día de un renovado prestigio.

Los empinados viñedos del Duero están plantados en terrazas.

DOURO

Se considera la patria del oporto. Este vino es dulce, rico y cálido. Ahora bien, varias casas productoras de oporto elaboran hoy día vinos de mesa serios, principalmente tintos y a menudo de precio elevado. En efecto, el Duero es la cuna del vino tinto más caro del país, como el Barca Velha, elaborado por el productor de oporto Ferreira. Muchos de los mejores viñedos para vino de mesa del valle del Duero están en la parte más fría –el oeste– de la región o en las más altas laderas, mientras que los mejores viñedos destinados a la producción de oporto tienden a estar situados en el corazón del valle del Duero y en terrazas escalonadas aguas arriba de la ciudad de Régua.

Los vendimiadores seleccionan las uvas trincadeira maduras en las llanuras de Alentejo.

ALENTEJO

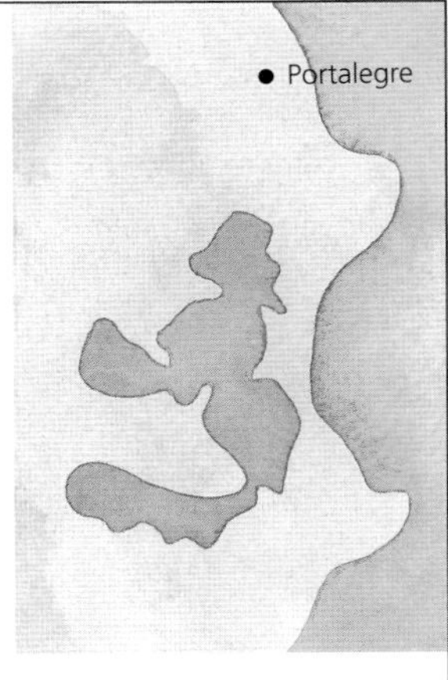

Las poco pobladas llanuras de Alentejo cubren casi un tercio de Portugal, extendiéndose desde la costa hasta la frontera con España. Ahora esta región cuenta con una DOC para los mejores vinos, más ocho DOCa subregionales, que incluyen Reguengos y Vidigueira; éstas producen tintos y blancos frescos y vinos serios embotellados en la propiedad. Los alcornoques salpican el paisaje y producen una parte importante del corcho de todo el mundo.

Un clima caluroso y húmedo otorga al vino de Madeira su aroma único y característico.

MADEIRA

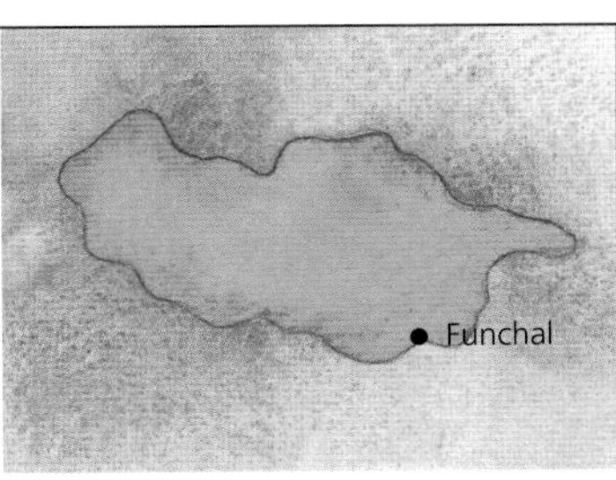

En Madeira, isla situada 1.200 km al sudeste de Lisboa, se producen algunos de los mejores vinos fortificados. Las uvas, que se cultivan en terrazas en las laderas volcánicas, maduran en un clima húmedo, subtropical, y dan lugar a una amplia diversidad de estilos de vino caracterizados por su contenido en azúcares naturales. Las variedades abarcan desde la sercial, que produce los vinos más secos, a la malmsey o malvasía, con la que se obtienen los vinos más dulces. La fruta resultante, con sabor a pasas, y la alta acidez son los factores que hacen que el Madeira se conserve bien en botella.

Italia

Los griegos de la Antigüedad llamaban a Italia “la tierra del vino”. Pocas cosas han cambiado desde entonces: Italia todavía tiene vides por todas partes, desde las colinas al pie de los Alpes hasta la pequeña isla de Pantelleria, frente a la costa de Tunicia.

Si bien el vino forma parte integrante de la vida en Italia, la mayoría de los italianos no se preocuparon por la calidad hasta hace muy poco. Italia no empezó realmente a emparejarse con el resto de Europa hasta la Segunda Guerra Mundial. Ahora los vinos italianos más importantes rivalizan con los mejores de Burdeos. Y no sólo en Toscana y Piamonte se está realizando un buen trabajo; hay tintos muy dignos de consideración, e incluso blancos, procedentes de casi cualquier región.

El cambio ha sido –y sigue siendo– rápido y frenético, y no está exento de cierta anarquía. Para llegar adonde se proponen, los elaboradores de vino tienen que romper, o quizás ignorar, algunas

Las regiones

1 Noroeste de Italia
2 Nordeste de Italia
3 Oeste y centro de Ita
4 Este y centro de Itali
5 Sur de Italia y las islas

arriba El chianti classico se elabora en el corazón de Toscana, la famosa región de Italia central.

leyes vinícolas, aunque intentando solventar lo que aún ocurre, y es que todavía se comercializa mucho vino de dudosa calidad bajo nombres como soave, valpollicella y similares. Los blancos, por lo general, no son los mejores, y la mayoría de los vinos italianos comparten una característica, un cierto amargor, que hace difícil beberlos solos, pero que combina muy bien con ciertos alimentos.

Para comprender realmente los vinos de Italia, es mejor no pensar en ella como un solo país, sino como un grupo de regiones.

Las uvas

En Italia crecen más variedades de uva que en cualquier otro país europeo, y si bien es cierto que se utilizan variedades internacionales, también lo es que cuando los productores descubrieron los vinos y las técnicas franceses empezaron a apreciar también las ventajas de sus variedades de uva autóctonas.

En Piamonte, en el norte, la nebbiolo es la uva estrella, que alcanza su cumbre en Barolo y Barbaresco. Barbera y dolcetto también son uvas tintas populares en esta región, mientras que la arneis es la uva blanca más distinguida. Siguiendo hacia el este, schiava es la principal uva tinta del Alto Adigio, pero en el nordeste hay muchas otras variedades interesantes, que incluyen la tocai friulano, la teroldego y la corvina. La sangiovese es la gran uva tinta

izquierda Altos picos montañosos son el espectacular telón de fondo de los viñedos de la región del Alto Adigio, que había formado parte de Austria. Sus vinos son apreciados en todo el mundo.

de Italia central, y la trebbiano, la gran uva blanca. En el sur destacan las variedades primitivo y aglianico.

Las regiones

En el norte se hallan las alturas tirolesas del Alto Adigio, con sus blancos frescos y perfumados. Mientras que algunos de los más interesantes tintos del país se localizan en Piamonte y el Véneto, en el centro de Italia los vinos van de los blancos ligeros y fáciles de beber, como el frascati con sabor a nueces de Roma, al fresco lambrusco de aguja. Los grandes tintos toscanos –los denominados supertoscanos– también se elaboran tanto con variedades internacionales como autóctonas, y hasta hace poco se etiquetaban como *vino da tavola* porque no cumplían la legislación sobre el vino. Siguiendo hacia el sur, se llega a regiones como Campania, que últimamente han experimentado cambios significativos. Aquí se pueden encontrar grandes tintos ricos y suntuosos, elaborados con aglianico, la variedad del sur de Italia, blancos con sabor a miel de las uvas locales greco di tufo y fiano di avellino, y los marsalas de Sicilia, con aroma a nueces y a mantequilla.

La calidad

Los vinos italianos están clasificados en cuatro categorías. La más básica es la de *vino da tavola* (VdT). La siguiente es la *denominazione di origine controllata* (DOC), que especifica variedades de uva y técnicas vitícolas y vinícolas. *Denominazione di origine controllata et garantita* (DOCG) está un peldaño más arriba que la anterior y cabe suponer que garantiza la calidad y el origen de los mejores vinos. Y había que dar también una clasificación a los productores inconformistas que empezaron a usar variedades y técnicas francesas: *indicazione geografica tipica (IGT)* es una categoría nueva que se sitúa entre la VdT y la DOC e incluye una ley más flexible para quienes no quieren aceptar las limitaciones de una DOC.

abajo Italia es el mayor exportador de vino del mundo y ofrece una amplia gama de vinos que mejoran continuamente.

El castillo de Soave domina los viñedos de uvas trebbiano y garganega que se utilizan en la producción de uno de los vinos blancos más famosos de Italia.

VÉNETO

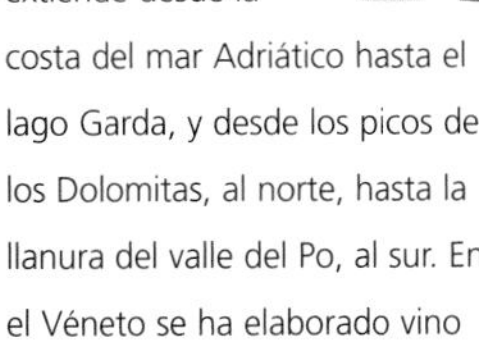

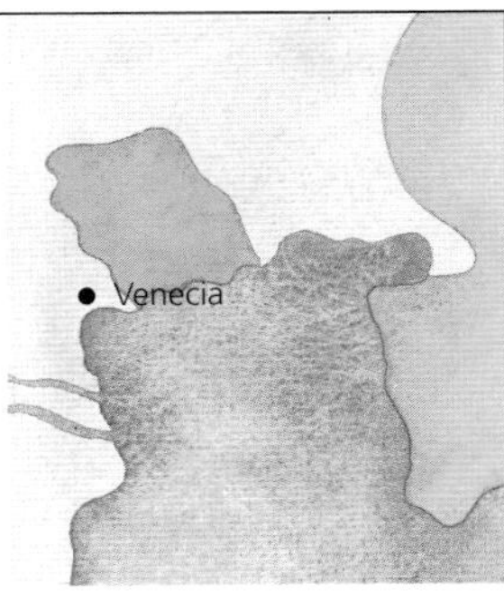

El Véneto es un área muy amplia que se extiende desde la costa del mar Adriático hasta el lago Garda, y desde los picos de los Dolomitas, al norte, hasta la llanura del valle del Po, al sur. En el Véneto se ha elaborado vino durante siglos y es el centro comercial de la industria del vino italiano. La producción es enorme y gira alrededor de tres vinos: el blanco soave, el tinto valpolicella y el bardolino. Las tres denominaciones producen buenos vinos. Los más serios, etiquetados como Classico, son los que se elaboran en las zonas más montañosas de la región.

El nombre de "chianti", que se aplicaba a vinos blancos y tintos, ahora se usa sólo para los tintos.

TOSCANA

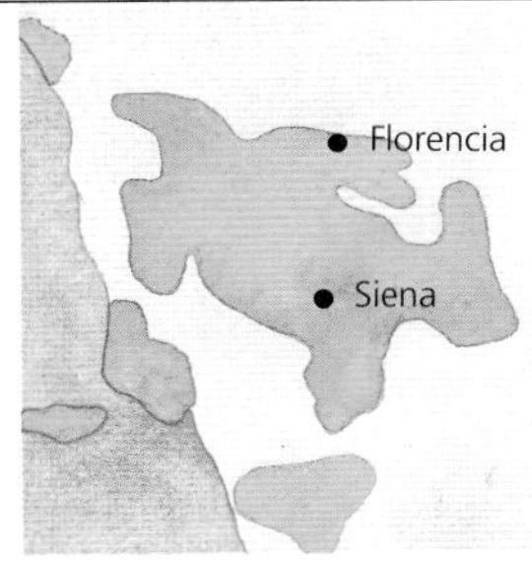

Además de sus extraordinarios paisajes, Toscana puede ufanarse de ser la máxima autoridad en cuanto al vino italiano. Su vino blanco más famoso es el vernaccia di San Gimignano, que se remonta al siglo XIII. Pero tiene tintos en todas partes. El chianti se elabora con uvas sangiovese, o al menos así era hasta que los vinicultores empezaron a añadir cabernet, merlot y otras variedades. Los vinos son tan buenos que han merecido el apodo de "supertoscanos", lo que ha provocado el enojo de las autoridades, que sólo permiten que lleven en la etiqueta la indicación *vino da tavola*.

Tiempo atrás, los vinos de Sicilia eran prácticamente desconocidos más allá de sus costas.

SICILIA

Palermo

En la dinámica Sicilia se producen tintos jugosos y blancos frescos a pesar del implacable calor del verano. La isla es también la cuna del marsala, con notas de humo. Avances como la fermentación en frío introducen cambios, y hay viñedos emplazados en altitud que imitan las condiciones del norte del país, más frías. Sicilia tiene muchas variedades de uva autóctonas; una de las mejores es la nero d'alvola, que produce tintos silvestres, herbáceos y de larga vida. Frente a las costas de Sicilia está Pantelleria, con sus atractivos vinos dulces con sabor a miel y a pasas, elaborados con uvas moscato.

Alemania

El liebfraumilch, un vino flojo, dulce y floral al que durante una época se dio una publicidad agresiva en los restaurantes, ha destrozado por sí solo la reputación del vino de alemán. Lo que empezó como una buena idea, como un vino ideal para principiantes, se convirtió en un desastre. Por lo general, el liebfraumilch que circula ahora no se considera más que agua barata con azúcar. Incluso el famoso liebfraumilch Blue Nun ha dejado de poner su nombre en la etiqueta. Por fortuna, las ventas de lieb están disminuyendo, y quien sólo conozca este vino alemán que no piense que todos son iguales. Los hay muy buenos.

Ante todo, Alemania produce los rieslings más elegantes del mundo: los mejores vinos del país se elaboran con estas uvas. Pueden ser acerados y secos, adornados con notas de manzana y albaricoque, o pueden tener un rico sabor a miel salpicado de aromas a piña, melocotón y mango, y también una satisfactoria nota de lima. Los estilos más secos son vinos fantásticos para acompañar la comida, y se pueden combinar con toda una serie de alimentos y recetas diferentes y a veces difíciles. Otro punto a su favor es que esos vinos tienen una graduación alcohólica relativamente baja que los hace perfectos como bebida de verano.

Las uvas

La riesling es la reina suprema, pero la müller-thurgau es la más plantada en

arriba Antiguas familias preservan la tradición de los característicos vinos perfumados y afrutados del valle del Sarre.

Alemania; tiene un gran rendimiento y no es demasiado apasionante, salvo en manos de un experto. Otras variedades incluyen la más interesante rieslaner (un cruce de riesling y silvaner), que se convierte en un gran vino de postre en el Palatinado. La weissburgunder (similar a la pinot blanc) produce vinos con aroma a melocotón y nata en el Palatinado y en Baden, mientras que la rülander (grauburgunder o pinot gris) se utiliza en la elaboración de blancos secos y especiados, así como de deliciosos vinos de postre. La difícil scheurebe, cuando se manipula con cuidado, produce grandes vinos secos en el Palatinado, pero también beerenauslese, con sabor a miel. Las uvas tintas –que poco a poco van ganando terreno– incluyen la spätburgunder (especialmente en Baden-Wurtemberg) y la dornfelder, de la que se obtienen vinos de estilo beaujolais.

Las regiones

La región de Mosela-Sarre-Ruwer produce rieslings fabulosas, y muchas de las grandes propiedades están aquí, en las escarpadas colinas de pizarra. Pero gran parte de los mejores viñedos de riesling se encuentran en Rheingau, y se cultivan en las pendientes bañadas por el sol del norte. El Palatinado tiene el mérito de ser la región más dinámica de Alemania en la actualidad, mientras Rheinhessen (la región de Hesse renana), en las orillas del Rin, es la mayor de las regiones productoras de vino del país. A veces se pasa por alto Nahe, donde los vinos tienen una agradable característica mineral. Vinos tintos son lo propio de Baden-Wurtemberg, mientras que la müller thurgau se hace fuerte en Franconia (aunque los mejores vinos se elaboran con riesling). Hay otras regiones vinícolas, entre ellas Ahr y antes Sajonia, pero sus vinos no se suelen comercializar fuera de Alemania.

La calidad

El sistema de clasificación del vino en Alemania es muy complejo. Es importante tener esto en cuenta para evitar comprar una botella de vino dulce para acompañar un pescado, por ejemplo. Existen seis categorías, ordenadas de acuerdo con la creciente madurez de las uvas.

- *Kabinett*, elaborado con uvas maduras y habitualmente bajo en alcohol.
- *Spätlese*, elaborado con uvas de cosecha tardía, muy maduras y por lo general un poco dulces (aunque hay versiones secas).
- *Auslese*, elaborado con uvas muy maduras, incluso algunas con un matiz de podredumbre noble; suelen ser vinos dulces (excepto en el sur, donde pueden fermentar en seco).
- *Beerenauslese* (BA), elaborado con uvas seleccionadas recogidas a mano y casi siempre afectadas por la podredumbre noble.
- *Trockenbeerenauslese* (TBA), elaborado con uvas afectadas por la podredumbre

arriba Poco menos del 80 % de los viñedos alemanes están plantados con variedades de uva blanca; la riesling y la müller-thurgau se reparten casi la mitad del área vinícola.

noble recogidas una por una y producido en pequeñas cantidades; comprende algunos de los vinos más dulces del mundo.

- *Eiswein*, que quiere decir vino de hielo; las uvas se recogen cuando están congeladas y se prensan con sumo cuidado.

En la etiqueta de los vinos alemanes también puede parecer especificado lo siguiente:

- QbA *(Qualitätswein bestimmter Anbaugebiete)* significa literalmente vino de calidad de una región delimitada. En la práctica los vinos con esta indicación pueden ser tanto regulares como excelentes.
- QmP *(Qualitätswein mit Prädikat)* significa literalmente vino de calidad con distinción.
- *Landwein* significa vino de la tierra. Es un vino de mesa procedente de una de las veinte áreas de producción delimitadas.
- *Deutscher Tafelwein* es el vino de mesa más básico.

Recientemente se ha introducido un nuevo sistema de clasificación en Alemania, el *Erstes Gewächs*, *premier cru*, como en Burdeos, situándose Rheingau en primer lugar.

izquierda La podredumbre noble debilita los hollejos de las uvas y concentra la dulzura del vino.

Esta región, con características parecidas a las de Alsacia, goza de un clima cálido y seco, y cuenta con un suelo rico y fértil.

PALATINADO

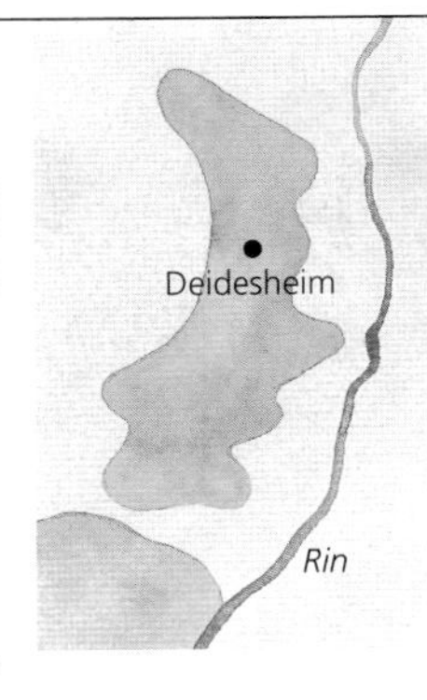

El Palatinado es la segunda región vinícola alemana en extensión. Al norte, limita con la región de Hesse renana, y al sur y al oeste, con Francia. Las colinas cubiertas por el bosque del Palatinado, que en algunos lugares alcanzan los 630 m, atraen a muchos visitantes. Los viñedos se extienden a lo largo de 80 km siguiendo el borde oriental del bosque, y se cultivan una riesling fogosa y una scheurebe magnífica y especiada. La zona norte es la cuna de muchos de los nombres más importantes, mientras que en el sur se encuentran los elaboradores con mentalidad más abierta.

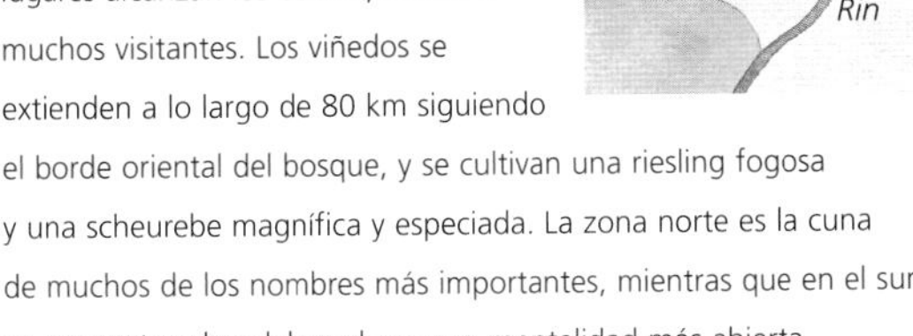

El vino de Mosela-Sarre-Ruwe es de un color casi acerado.

MOSELA-SARRE-RUWER

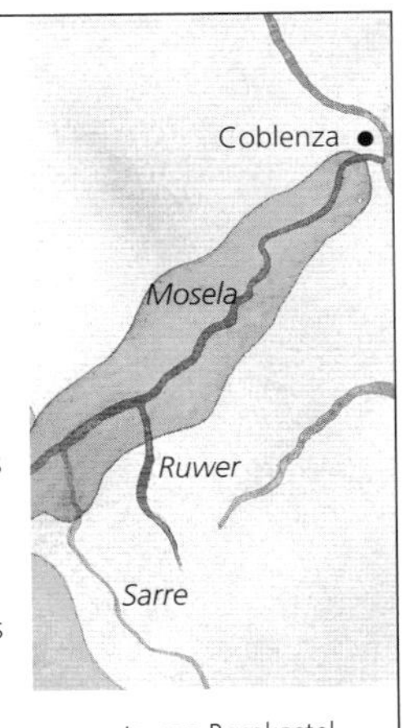

Los vinos de esta región, en la que se cultiva uva blanca, son más ligeros y frescos que los de cualquier otro lugar de Alemania. Por lo general son pálidos y aromáticos, con una considerable acidez. Los viñedos están emplazados a lo largo del río Mosela y de sus afluentes Sarre y Ruwer. Algunas de las propiedades más famosas de Alemania bordean escarpadas pendientes de pizarra. Otras áreas a tener en cuenta son Bernkastel, Piesport, Zeltingen y Erden.

Los vinos alemanes más importantes y equilibrados se producen en Rheingau.

RHEINGAU

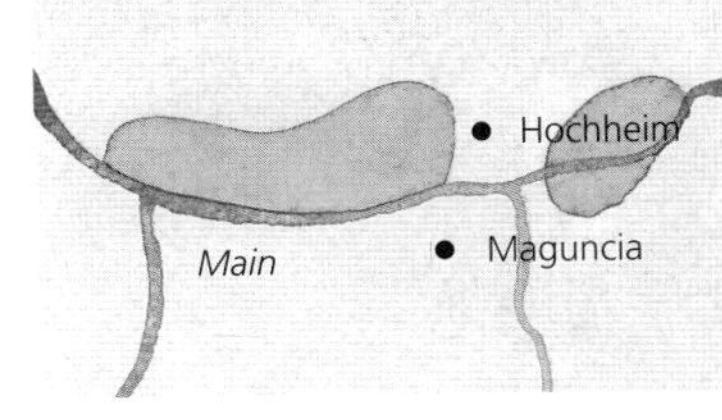

Muchas de las propiedades y bodegas más famosas están aquí, donde se elaboran los rieslings más aristocráticos. O por lo menos esto es lo que sucedía unos años atrás, pues en los últimos años la calidad ha descendido un poco. Sin embargo, se espera que la introducción de la nueva clasificación de viñedos consiga de algún modo restaurar la reputación de la zona y aliente a las demás a esforzarse. La región vinícola de Rheingau se extiende desde el este de Hochheim (la población que inspiró inicialmente a los británicos la palabra "hock" para describir los vinos de la región) hasta Lorch, próxima al Mittelrhein (el Rin medio).

Austria

Austria no es una gran productora de vino: elabora sólo el 0,9 % del vino de todo el mundo, que es consumido principalmente por el mercado nacional. Sin embargo, una pequeña parte se exporta y vale la pena intentar encontrarlo, especialmente el de mejor calidad. Los mejores vinos de Austria son muy apreciados en el mundo entero.

Las uvas

En Austria no se elaboran vinos con chardonnay, sino con la uva blanca grüner veltliner. Es la uva más cultivada en el país y es deliciosa. Con ella se elaboran los vinos más sencillos, pero también los más ricos e importantes. En cuanto a la zweigelt y la blaufränkisch, son un poco difíciles de paladear, pero merece la pena intentarlo.

Las regiones

Hay cuatro regiones vinícolas: Baja Austria (Niederösterreich), que es la más grande y cubre el norte; Burgenland, en el este, bordeando Hungría; Estiria, un área que se extiende al sur y produce vino finos y ácidos, y los alrededores de la misma Viena.

Los vinos dulces nobles austriacos son muy famosos en todo el mundo. El mejor procede de Neusiedlersee, en Burgenland. Esta zona formó parte de Hungría en 1921 y sus habitantes hablan un dialecto muy cerrado (que es objeto de muchas bromas por parte de los vieneses). El peculiar clima del lago asegura que los viñedos próximos a sus orillas se vean afectados por la podredumbre noble. Casi todos los años los productores pueden contar con las húmedas nieblas que se alzan del agua, las responsables de provocar la botrytis. La variedad bouvier es propensa a contraer la botrytis porque es la primera que empieza a secarse, mientras que la traminer de hollejo grueso es la más difícil. Los

Las regiones

1 Burgenland
2 Baja Austria
3 Estiria
4 Viena

arriba Las uvas riesling y grüner veltliner florecen en las terrazas que bordean las orillas del Danubio, en Wachau.

suelos son mixtos: hay loes, suelo negro, grava y arena. Y aunque aquí hace más calor que en el resto de Austria, durante los meses de invierno el lago se hiela. En una orilla del lago está la ciudad de Rust, cuyo exquisito estilo especial de vino dulce llamado *ausbruch* se ha hecho famoso.

Los vinos secos de mesa de la región son cada vez más conocidos. Los blancos son buenos, pero los tintos son la estrella, elaborados con blaufränkisch, zweigelt y saint laurent. El último, en particular, ha recibido críticas extraodinarias. La saint laurent se sitúa entre la pinot noir y la syrah, con un carácter peculiar, realmente único.

Los mejores vinos secos de Austria proceden de Wachau, el territorio de la riesling y la grüner veltliner. El estrecho y pintoresco valle del Danubio, entre Melk y Krems, al oeste de Viena, produce rieslings que rivalizan con los de Mosela-Sarre-Ruwer. Las uvas se cultivan en vertiginosas terrazas de roca (granito, neis y esquistos de mica) bañadas por el sol. Entre Durnstein y Weissenkirchen se extienden algunas de las mejores áreas vinícolas. Este valle de 33 kilómetros de longitud recibe la influencia de dos zonas climáticas principales: al oeste, la del templado Atlántico; al este, el aire cálido de las tierras bajas de Panonia. Se dan grandes variaciones entre las temperaturas diurnas y nocturnas, lo que contribuye a conferir un carácter exótico a los vinos de Wachau. Un riesling de Wachau estalla en frutas maduras –melocotón, albaricoque y cítricos– y tiene acidez suficiente como para permitir que algunas de las mejores botellas envejezcan. También aquí brilla la grüner veltliner, que además es la variedad más plantada en Wachau. Esta uva prospera asimismo en los suelos de arcilla y piedra caliza de Kamptal, la región vecina.

La calidad

Wachau cuenta con su propio sistema de clasificación: *Steinfeder* designa los vinos blancos ligeros y fragantes; *Federspiel* es como un *Kabinett* medio; *Smaragd* hace referencia a un vino que procede de los mejores emplazamientos y elaborado en los mejores años. Los cultivadores con ideas más avanzadas han establecido una clasificación siguiendo las directrices francesas: *große Erste Lage (grand cru); erste Lage (premier cru)*, y *klassifizierte Lage (cru classé).* Otras áreas interesantes para buscar en las etiquetas incluyen Heiligenstein (piedra santa), donde la riesling se desarrolla bien y la grüner veltliner todavía mejor.

abajo Austria produce algunos vinos de categoría mundial, aunque exporta muy poco.

Europa oriental

Europa oriental puede ofrecer a los aficionados algo más que un vino corriente y fácil. Por ejemplo, uno de los mejores vinos de postre mundiales, el tokay, procede de Hungría.

Hungría

Las viñas destinadas a la producción de tokay se cultivan en los suelos volcánicos de la franja nordeste del país. El tokay se elabora de forma realmente única. Se espera a que las uvas furmint y hárslevelü (el país tiene un rico surtido de variedades de uva autóctonas) se vean afectadas por la podredumbre noble por los efectos del tiempo otoñal, cálido y húmedo, y después, se prensan para reducirlas a una pasta llamada *aszú*. La pasta se mezcla con vino ya fermentado, elaborado con uvas no botrytizadas (denominadas *szamorodni*) para que experimente una nueva fermentación. La dulzura final del vino depende del número de *puttonyos* (cestos de pasta; en singular, *putton*) de aszú que se añaden al vino. Con tres *puttonyos* se obtiene un vino semiseco, y con seis uno muy dulce, pero todos con un espectro similar de albaricoques, mermelada de naranja amarga y miel. El más dulce de todos es el aszú eszencia, que se elabora sólo en años de cosechas excepcionales a partir del mosto flor obtenido del estrujado de la pasta de aszú; según el dicho popular, puede hacer revivir a un muerto. Hungría elabora también un interesante vino de mesa seco con furmint y hárslevelü. Con ambas variedades se pueden obtener vinos potentes, pero la más aromática de las dos es la hárslevelü.

Otras regiones vinícolas importantes de Hungría son la Gran Llanura, situada

derecha Los sombreados indican las zonas de cultivo vinícola intensivo.

al sur de Budapest, en el centro de Hungría (que produce más de la mitad del vino del país), el lago Balatón, la zona vinícola de Villány en el sur, cerca de la frontera croata, Eger y las vertientes de los montes Matra. La mayoría de los vinos de Hungría son blancos y se producen con uvas autóctonas, aunque a veces se mezclan con otros de variedades internacionales, en especial la chardonnay y la sauvignon blanc. Algunos nuevos cruces, como la irsay oliver, parecida a la muscat, y la especiada cserszegi füszeres (gewürztraminer) se están ahora plantando más extensamente por su aroma frutal distintivo. La uva tinta más característica de Hungría es la kadarka.

Los suelos son variados. Por ejemplo, en la Gran Llanura son principalmente de arena, mientras que en la zona que rodea el lago Balatón son de roca volcánica basáltica, con arcilla, arenisca y loes. En Tokay los suelos son volcánicos con una capa superficial de lava desintegrada.

arriba Los vinos de Mount Lake Badacsony, junto al lago Balatón, están reconquistando su gloria primitiva después de haber pasado una temporada decepcionante cuando la vinicultura húngara estaba bajo control estatal.

Las cosas han cambiado de forma espectacular en Hungría en los diez últimos años. Hasta principios de la década de 1990, la industria vinícola estuvo bajo control estatal, pero entonces el gobierno

derecha Los viñedos de Badascsonytomaj proporcionan muchas de las uvas de Hungría con nombres que parecen trabalenguas, pero con un sabor extraordinario.

tomó la decisión de privatizarla, y viñedos y bodegas se pusieron a la venta, lo que atrajo a inversores extranjeros. Esto se tradujo en una masiva inyección de dinero que sirvió para mejorar los vinos del país.

arriba En Bulgaria oriental se extienden grandes superficies de viñedos en los que sólo se cultiva uva blanca.

abajo Bulgaria ha revitalizado con éxito su industria vinícola después de los daños sufridos durante la Segunda Guerra Mundial.

Bulgaria

Bulgaria, que se está situando por delante de Hungría, exporta hoy día el 90 % de su vino, especialmente vino de mesa, barato y fiable. El vino es ahora una de las principales fuentes de ingresos del país. Su éxito se consolidó en la de década de 1980 con la implantación de variedades internacionales, especialmente la cabernet sauvignon.

El país reivindica el honor de ser el lugar de nacimiento de la elaboración de vino. La vinicultura se practica en esta parte del mundo desde hace más de tres mil años. Con sólo 400 kilómetros de este a oeste y 320 desde la frontera con Grecia y Turquía, al sur, hasta la de Rumania, al norte, Bulgaria no es un país grande. Hay vides plantadas por todas partes, y el suelo y el clima son ideales para la viticultura.

No obstante, la industria vinícola búlgara pasó por un mal momento hace poco tiempo, a principios de la década de 1990, tras la caída del régimen comunista en 1989. Devolver las tierras a quienes podían probar que eran suyas supuso una gran cantidad de problemas. El proceso de privatización es muy lento, y la mayor amenaza para la industria vinícola búlgara es el continuado estado de abandono de sus viñedos.

La nueva legislación vinícola ha dividido Bulgaria en cinco regiones geográficas: el valle del Danubio, al norte; la región del mar Negro, al este; el valle del Struma, en el sudeste, y el río Maritsa y Stara Planina, al sur.

En los viñedos búlgaros dominan las variedades internacionales, como la cabernet sauvignon y la merlot, y también hay algo de pinot noir; pero si se considera también el vino de mesa producido para el mercado local, hay plantadas más uvas blancas que tintas. Las blancas incluyen la rkatsiteli, de origen georgiano, además de la chardonnay y otras. También existe un esquema de calidad: los vinos del país son el equivalente a los *vins de pays* franceses; los vinos varietales con denominación de origen son el equivalente de los VDQS, mientras que los vinos reserva y especiales son vinos varietales de calidad superior, envejecidos durante dos años como mínimo si se trata de blancos, durante tres si son tintos; son, sin duda, los mejores de Bulgaria. La indicación *controliran* es la réplica búlgara a la *appellation contrôlée*, vinos de variedades y emplazamientos geográficos de los viñedos específicos.

Rumania

En términos de volumen, Rumania, con casi tantas hectáreas de viñedo como Portugal, es el mayor productor de Europa Oriental. Sin embargo, durante años el país permaneció en franca decadencia produciendo vinos pasados de moda para la antigua URSS. Rumania sólo exporta un pequeño porcentaje de su producción. Las mejores regiones para los tintos son Dealul Mare ("gran colina"), en las vertientes cárpatas; Tirnave, en el noreste, en Transilvania; Murfatlar, junto al mar Negro, y en el norte Cotnari, la región vinícola más famosa, cuyo vino dulce fue en tiempos casi tan codiciado como el tokay. Los rumanos se sienten especialmente orgullosos de su cabernet sauvignon, y la tienen en abundancia. Pero las variedades más cultivadas son la feteasca alba y la feteasca regala; ambas producen blancos perfumados de diversas dulzura y calidad. Como norma general, los blancos son mejores que los tintos.

abajo Las inconfundibles iglesias de las vertientes de los montes Cárpatos se levantan entre extensos viñedos.

Oriente Medio y norte de África

Así como la cocina de Oriente Medio y del norte de África es objeto de atención en restaurantes y libros de cocina europeos, ha llegado el momento de considerar los vinos de esos países, que pueden ofrecer una interesante alternativa a los de consumo habitual.

Israel

Las vides se desarrollan bien en Israel, donde las uvas destinadas a la elaboración de vino se cultivan en cinco regiones: en el norte, Galilea y los Altos de Golán; Samaria; Samson; las colinas de Judea y Negev. La mayoría de los viñedos son propiedad de los *kibbutzim* o *moshavim* (cooperativas), pero también hay unos cuantos propietarios particulares. Los vinos más interesantes se elaboran en su mayor parte en los Altos de Golán, donde se cultivan uvas tintas y blancas a gran altitud. La industria vinícola prospera gracias a la exportación de vino kosher a las comunidades judías de todo el mundo: la mayoría de los vinos israelíes, aunque no todos, son kosher.

Líbano

Al pensar en vino libanés, el nombre de Château Musar acude de inmediato a la mente. Este característico tinto almizclado largamente envejecido es elaborado por el famoso vinicultor Serge Hochar con una mezcla de cabernet sauvignon, syrah y cinsaut; es uno de los vinos más asombrosos del mundo. Los viñedos están en el valle de la Bekaa, emplazamiento también de otros muchos productores libaneses, incluido el Château Kefraya. Están a una altura suficiente como para no sufrir temperaturas demasiado altas, con cordilleras a ambos lados del valle que proporcionan noches frescas y lluvias. Aquí las vides se tratan

abajo Vendimia en el valle de la Bekaa, donde se encuentran la mayoría de los viñedos del Líbano.

arriba Un caballo arrastra el arado al estilo tradicional en los viñedos de Túnez.

con muy pocos pesticidas, y la mayoría crecen en forma de arbusto, aunque el emparrado en alambres está ganando aceptación.

Argelia

La cocina del norte de África nunca había estado tan de moda en Europa; por lo tanto, habría que prestar la misma atención a los vinos de la región o, al menos, considerarlos. Sin duda, el vino de Argelia no se ve con demasiada frecuencia en las estanterías de los supermercados, pero los importadores se interesan cada vez más por él. Tiempo atrás, en Argelia se cultivaban tantas hectáreas de viñedo como en Alemania, y el vino era utilizado por muchos productores franceses para mezclarlo y maquillar así sus malas cosechas. Pero con la introducción de controles más rigurosos en Europa y con un gobierno islámico que prohíbe el consumo de alcohol, la producción casi desapareció. Ahora, parece que el viñedo tiende a recuperarse. El país cuenta con siete zonas vinícolas designadas de calidad, de clima mediterráneo y que producen vinos de mesa. Las plantaciones de variedades nobles están en ascenso; entre ellas se incluyen la cabernet sauvignon y la merlot, además de algunas parcelas de chardonnay.

Tunicia

Hace años, en Tunicia se elaboraba tanto vino como en Argelia, pero ahora la producción es muy baja debido a las legislaciones vinícolas europeas. Las áreas vinícolas más importantes son Nabeul, Cap Bon, Bizerta, Ben Arous y Zaghouan. Las principales uvas cultivadas son la cariñena (carignan), la garnacha y la cinsaut, y también hay algunas plantaciones de cabernet sauvignon y syrah. Muchos de los vinos producidos son tintos de mucho cuerpo o rosados ligeros. El vino tunecino no despierta demasiado interés entre los inversores extranjeros.

Marruecos

Marruecos tiene su propio sistema de denominaciones, parecido al de la *appellation contrôlée* francesa. Aunque esto no implica una garantía de calidad, al menos ahora hay zonas vinícolas reconocidas por la Unión Europea: el este (Berkane y Angad), Meknès-Fez, Gharb, Rabat y Casablanca. De entre ellas, probablemente Meknès-Fez, con sus 600 metros de altitud, tiene la mejor reputación en cuanto a calidad.

Al igual que en Argelia y Túnez, bajo el dominio francés en Marruecos se cultivaba la vid con profusión para la elaboración de vino; pero con la independencia, en 1956, se inició un declive continuo. El estado se hizo cargo de los viñedos y fijó los precios de la uva sin tener en cuenta su calidad. Estos últimos años el control no es tan rígido, de modo que inversores privados están empezando a remodelar bodegas anticuadas.

Sudáfrica

La industria vinícola sudafricana tiene que realizar cambios enormes, y no va a poder hacerlo de la noche a la mañana. Todavía hay por doquier viñedos de chenin maltrechos y de pinotage que, con algunas excepciones, nunca producirán nada importante. Pero una luz brilla al final del túnel: unos cuantos vinicultores emprendedores empiezan a dirigir su mirada más allá de sus fronteras y asimilan nuevas ideas.

No se trata de imitar a Australia o Burdeos, como hacen algunos, sino más bien de pasar temporadas en Chile y California, viajar por el Loira, Burdeos y Borgoña, e intercambiar notas al regresar, y así combinar filosofías de la vieja Europa con técnicas modernas para producir vinos con verdadera identidad sudafricana.

Existe una nueva confianza. Se están cultivando uvas tintas en zonas destinadas tradicionalmente a las variedades blancas. También se piensa más en la selección de los emplazamientos, con nuevas zonas, como la de Bot River, actualmente en desarrollo. Asimismo, se comprende mejor la madera: el chardonnay sudafricano ha dejado de ser un monstruo impregnado de roble. Y los viticultores se aseguran de vendimiar la uva bien madura, cuando ha alcanzado el nivel perfecto de concentración de azúcar.

Mientras el resto del mundo vinícola en vías de desarrollo estaba trabajando en sus variedades internacionales, Sudáfrica concentraba sus esfuerzos en una uva de su propia invención, la pinotage, un cruce entre pinot noir y cinsaut creado en 1924 por un viticultor sudafricano.

Las regiones

1 Orange River Valley
2 Constantia
3 Olifants River
4 Durbanville
5 Swartland
6 Walker Bay
7 Paarl
8 Stellenbosch
9 Worcester
10 Robertson
11 Klein Karoo

arriba Paarl (que significa "perla") proporciona las condiciones casi perfectas para el cultivo de la vid.

Pero la pinotage no ha tenido la mejor prensa en los últimos años, y sólo unos cuantos vinicultores obtienen el máximo de esa uva. La obsesión por ella ha obstaculizado los esfuerzos del país respecto a otras uvas tintas, y aunque ahora están materializándose algunas etiquetas solicitadas, no son más que simples gotas en un océano de 70 millones de cajas de vino.

En Sudáfrica la elaboración de vino se inició en 1656 con vides importadas. Pero esas vides enfermaron y se plantaron otras de calidad inferior, con insistencia en la pinotage, por ejemplo. Los hechos políticos también influyeron en la decadencia de la industria vinícola. El sector se empezó a revitalizar a partir de 1994, cuando Nelson Mandela asumió la presidencia del país.

Las uvas

Aunque actualmente existe una tendencia hacia los tintos, son los vinos blancos los que predominan en Sudáfrica. El 75 por ciento de las variedades plantadas son blancas, y sólo el 25 por ciento, tintas. La chenin blanc todavía es la más cultivada, aunque se están arrancando cepas de esta uva para abrir camino a otras variedades internacionales. La colombard sigue a la anterior a poca distancia, y después vienen la chardonnay y la sauvignon blanc. Tras ellas se sitúan la riesling y la sémillon, y se está empezando a dedicar cierto espacio a la gewürztraminer y la viognier.

Hasta hace poco, los tintos de Sudáfrica estaban dominados por la pinotage. En el mejor de los casos, estos vinos tienen ricos

abajo Los viticultores sudafricanos están ahora experimentando con muchas variedades de uva, y empiezan a dejar de lado la omnipresente pinotage.

izquierda Aunque su historia se remonta a 300 años atrás, los viticultores africanos consideran con atención las técnicas y avances de todo el mundo.

aromas de ciruelas maduras, con notas de cerezas cubiertas de chocolate y un recuerdo de perfume de canela; en el peor, recuerdan un esmalte de uñas seco. Ahora el primer puesto lo ocupa la cabernet sauvignon, seguida por la pinotage, la cinsault, la merlot y la shyraz, con pequeños focos de uvas como la pinot noir y plantaciones experimentales como la nebbiolo.

Las regiones

Hoy día en Sudáfrica se cultivan vides en más de 50 denominaciones de origen, declaradas *regiones*, *distritos* y *wards* (una zona vinícola pequeña y bien definida). Los casi 5.000 viticultores cultivan 100.000 hectáreas de viñedos. La producción es manipulada principalmente por 82 *estates* (propiedades formadas por una o más fincas) y 70 cooperativas, pero continuamente aparecen nuevas bodegas, respaldadas por inversores extranjeros y algunos multimillonarios o desilusionados propietarios de las minas de oro del norte.

La región del Cabo produce la mayor parte de los vinos del país. La región de Boberg incluye el distrito de Paarl y Tulbagh. La región de Coastal engloba varios distritos, entre ellos Durbanville, Stellenbosch, Constantia y Swartland. La región interior conocida como Breede River Valley abarca Robertson, Swellendam, Tulbagh y Worcester. Pero los principales distritos vinícolas son Paarl y Stellenbosch.

abajo Robertson es una región que tradicionalmente produce vinos blancos, pero se está haciendo cada vez más famosa por sus buenos tintos.

Vendimia de uvas chardonnay en la Graham Beck Winery's Madeba Farm, en Robertson, destinadas a la elaboración de grandes vinos.

ROBERTSON

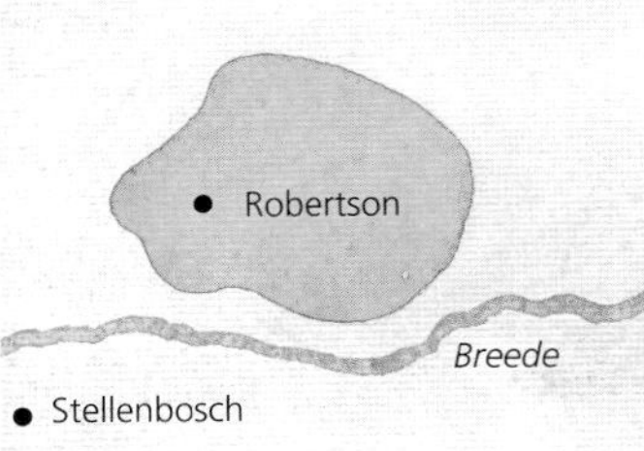

Es predominantemente una zona de vino blanco. Calurosa, seca y fértil, allí se cultivan grandes vides de chardonnay en suelos pedregosos y ricos en caliza. Muchos viñedos bordean el río Breede, que atraviesa la región, aunque ahora otros se desplazan a colinas más frías. Los cultivadores intercambian ideas, y regularmente reciben premios por sus vinos. Además de chardonnay, la zona produce excelentes vinos de muscat y sauvignon blanc, y ahora está emergiendo un numero creciente de tintos de buena calidad, con la variedad shyraz en cabeza.

Los vinos de chardonnay se están equiparando en calidad a los tintos de Stellenbosch.

STELLENBOSCH

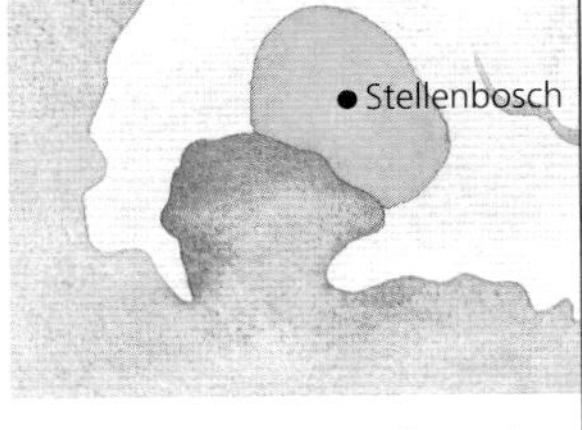

Es el verdadero centro de la industria vinícola sudafricana. Allí se halla la mayor (y creciente) concentración de bodegas, así como de los vinos más elegantes del país. Hay viñedos en toda la región, plantados desde el fondo del valle hasta las escarpadas laderas de la montaña, en unos 50 tipos de suelo diferentes y en muchísimos microclimas. En consecuencia, no existe un estilo particular que caracterice esta región. Tradicionalmente se han alabado los vinos tintos de Stellenbosch, pero también se elaboran algunos blancos imponentes, en especial con chardonnay y sauvignon blanc.

Constantia es una gran zona vitivinícola. Desde el principio, la producción se enfocó a satisfacer la demanda de vinos de calidad.

CONSTANTIA

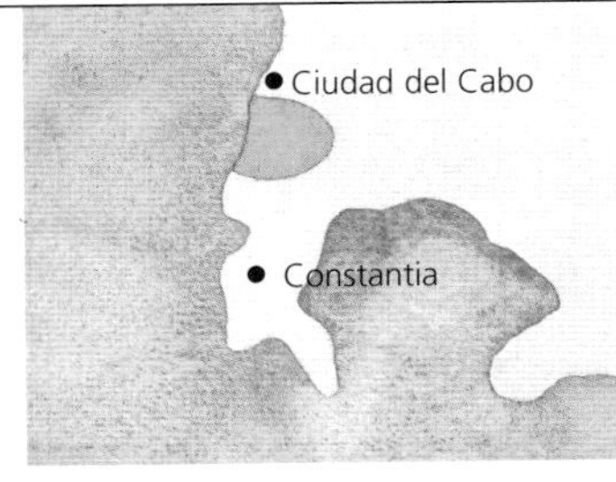

En Constantia, que bordea la elegante zona metropolitana sur de Ciudad del Cabo, se elabora un sauvignon blanc de clase mundial, que también tiene salida en el país, además de chardonnay y cabernet sauvignon. Fue aquí donde el gobernador Simon van der Stel estableció los primeros viñedos del Cabo en 1685 y emprendió la elaboración de vinos dulces. Está situada al sudeste de la península del Cabo, frente al océano Atlántico, y las brisas la refrescan por ambos lados. Eso ayuda a hacer más lento el proceso de maduración de las uvas, lo que aporta a los vinos gran concentración y finura.

Australia

Hoy día, el chardonnay australiano se puede encontrar con facilidad en cualquier país, no sólo en las vinaterías y vinacotecas, sino incluso en las estanterías de los supermercados. En Australia se ha hecho más que en muchos otros países para promocionar esta uva. Sin embargo, decrece el interés por ella: todas las marcas más corrientes tienen un sabor muy semejante para nuestro paladar, ahora más acostumbrado. Y la respuesta de los australianos a esta situación ha sido dejar de plantarla y centrarse en las variedades regionales.

Grandes compañías vinícolas están lanzando nuevos vinos que reflejan mejor cada pago. Estos nuevos vinos son más sutiles en las notas del roble y dejan que brille en ellos el carácter de una zona determinada. Ocurre lo mismo con los tintos. Los australianos reconocen (junto con todos los demás productores) que vino tinto es lo que más se bebe ahora, de modo que están cultivando cada vez mayor cantidad de su uva estrella, la shiraz, y de la igualmente impresionante y sabrosa cabernet sauvignon.

Así se ha salido de la homogeneidad y se ha entrado en la diversidad, de estilos y de regiones. También se están investigando variedades blancas alternativas, como la sémillon y la verdejo, por ejemplo; ambas se dan muy bien en el país. En resumen, Australia no se estanca, y por eso ha tenido siempre tanto éxito.

Las regiones

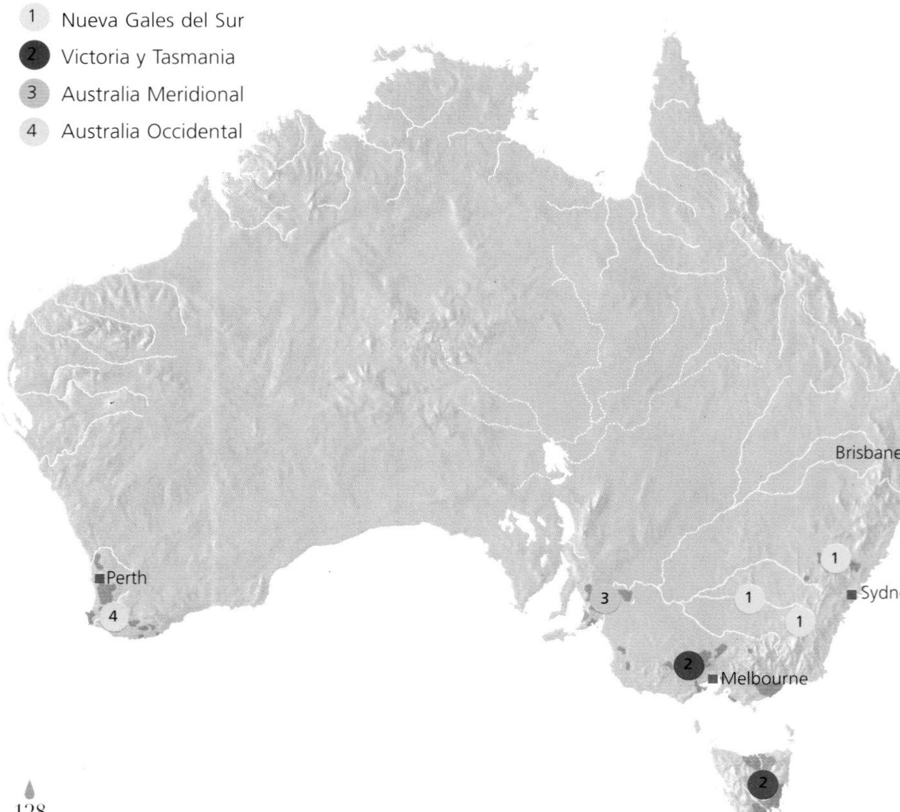

izquierda Clare Valley, en Australia Meridional, es una de las principales zonas donde se concentra la producción de vinos con un carácter local único.

Las uvas

En Australia no se cultivan sólo chardonnay y shiraz, sino unas 75 variedades de uva, más o menos en la misma cantidad tintas y blancas.

La shiraz es la gran tinta. Conocida como syrah en otros lugares, en Australia desempeña un papel brillante. Cuando se planta en las áreas más frías, está llena de aromas frutales y notas de tierra, licorosas y de cuero. Es menos compleja cuando se cultiva en zonas cálidas, pero aun así ofrece fruta dulce y madura.

La cabernet sauvignon es la otra estrella tinta en Australia; esta uva se vinifica tanto sola como mezclada con shiraz, malbec, merlot y cabernet franc. Se cultiva por doquier. En las zonas de clima más frío es herbácea y grasa, mientras que bajo el sol ardiente es un costal variopinto de fruta roja, a menudo en confitura.

Un número creciente de productores utilizan garnacha vieja y mourvèdre (conocida también como mataro) y se están realizando grandes progresos con la pinot noir. La sangiovese y la nebbiolo están logrando asimismo desempeñar un papel muy destacado.

La chardonnay va en cabeza en lo que a la producción de vinos blancos se refiere; la siguen la sémillon la verdejo, la viognier, la sauvignon blanc y la riesling, todas ellas en ascenso. Y no hay que olvidar la familia de las moscatel, que pueden producir vinos de postre muy delicados.

Las regiones

En muchas regiones de Australia se considera que el clima es más significativo que el suelo, y los climas difieren en gran medida, desde el húmedo de Adelaide Hills hasta el subtropical de South Burnett. Los estilos de vino son igual de variados, desde los complejos vinos de chardonnay de múltiples matices del Margaret River, a orillas del océano Índico, en el oeste de Australia, al impetuoso shiraz del McLaren Vale, bordeado de olivos.

Nueva Gales del Sur

Hunter Valley es la región vinícola más famosa de Nueva Gales del Sur. Elaboró el primer chardonnay comercial en la década de 1970, aunque ahora es la sémillon la que brilla, especialmente si se deja envejecer un poco. Justo al otro lado de Hunter está Mudgee (que significa “nido en las colinas” en la lengua aborigen), que produce un gran shiraz y un buen cabernet sauvignon.

Situada a gran altitud, Orange es una zona que se tiene muy en cuenta. Otras regiones son Cowra, Hilltops, Riverina y Tumbarumba.

Australia Meridional

Australia Meridional produce más de la mitad de los vinos del país, y la mayor parte del vino envasado en cartón, aunque también elabora algunos vinos de primera categoría procedentes los viñedos más antiguos. Riesling (y shiraz) son propias de Clare Valley.

En Adelaide Hills se elaboran vinos vivaces con chardonnay y sauvignon, mientras que los vinos de Barossa Valley varían de los blancos neutros procedentes del fondo del caluroso valle al fabuloso shiraz de vides viejas en lo alto de las colinas.

arriba Australia ha sabido ver el futuro, y es tinto. Elaboración de cabernet sauvignon en el Trentham Estate de Murray River.

Eden Valley, una subregión más fresca de Barossa, compite con Clare por los mejores riesling. McClaren Vale produce vinos para todos los gustos, mientras que Langhorne Creek tiene el Jacob's Creek, la marca de mayor éxito entre todas las famosas. Más al sur se encuentra Canberra, cuna de un elegante cabernet y un gran shiraz. En el clima fresco de Padthaway, hacia el norte, se elaboran buenos vinos de chardonnay. Otras zonas son Limestone Coast y Eyre Peninsula.

Victoria

Tiempo atrás, la búsqueda del oro llevó a numerosas personas a Victoria. Ahora su atractivo es el vino, desde los vinos baratos de Murray River a los suntuosos muscats licorosos de Rutherglen. En esta última región también se elaboran una serie de vinos de mesa, desde el robusto shiraz al semillon madurado al sol.

En el centro de la región hay otras subregiones más pequeñas, que incluyen Grampians, conocida por su espumoso; Pyrenees, cuyos tintos resultan pesados para el estómago; Bendigo y Heathcote, con tintos concentrados y de larga vida, y Goulburn Valley con su marsanne insignia.

Las otras regiones principales son Geelong, Macedon, Yarra Valley y Mornington Peninsula.

Australia Occidental

Algunos de los productores más importantes del país se encuentran en Margaret River, la joya de Australia Occidental, donde se elaboran tintos poderosos y elegantes con uvas que van desde la cabernet hasta la zinfandel, y voluptuosos blancos de chardonnay, sauvignon blanc y sémillon.

Tasmania

La geografía de la fresca Tasmania varía de los frondosos bosques de eucaliptos a los prados alpinos. Los vinos de Tasmania tienen un estilo característico: la fruta es más restringida que en el continente. Los vinos son más sutiles y delicados, más europeos. Todos los clásicos se elaboran aquí a partir de uvas cultivadas en viñedos situados en la mitad oriental de la isla, más cálida y seca, a poca altitud. La chardonnay y la pinot noir son las variedades más cultivadas.

Queensland

Las uvas para vino se cultivan en viñedos que ascienden por las frías colinas del Granite Belt, al oeste de Brisbane. South Burnett es la más moderna y más bonita región de Queensland.

La calidad

Produce of Australia (producido en Australia) es la clasificación básica. *South-easter Australia* (sudeste de Australia) se utiliza para mezclas de vinos de gran consumo. *State of origin* (viene a significar denominación de origen), se aplica a una serie de zonas, regiones y subregiones. Los mejores vinos pueden etiquetarse como *outstanding* (excepcional) y *superior*.

Orange, en Nueva Gales del Sur, es una región australiana productora de vinos a tener en cuenta.

ORANGE

Hasta hace muy poco, Orange era una región desconocida para la industria vinícola; sólo unas pocas personas habían intuido su potencial. Incluso no habiendo más que unas doce bodegas, es la región más interesante de Nueva Gales del Sur. Mucha gente está plantando ahora, tanto si dispone de una bodega como si no. Las laderas en pendiente, una altitud considerable (800 m) y un recio clima continental, con días calurosos y noches frías, son la clave de la sabrosa fruta madura. Incluso la sauvignon blanc prospera aquí.

Barossa Valley produce grandes vinos blancos afrutados.

BAROSSA VALLEY

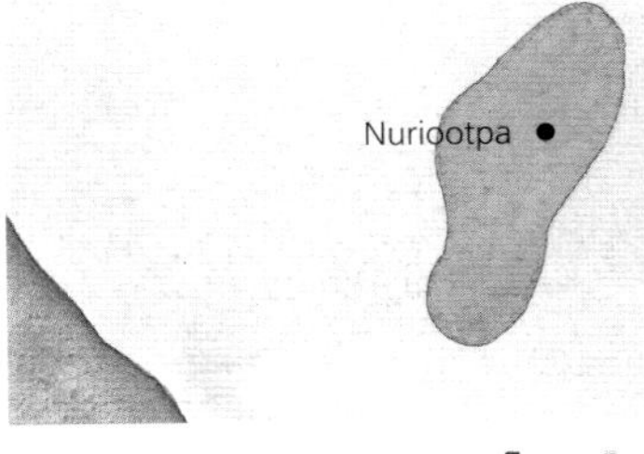

La Barossa teutónica es un gran lugar para cultivar uva y elaborar vino. Con inviernos no demasiado húmedos y veranos cálidos y secos, esta región produce buenas uvas. Entre los cálidos suelos de marga del fondo del valle y los emplazamientos algo más fríos de las colinas, aquí se elaboran casi todos los estilos de vino. Muchos de los más importantes productores de Australia realizan en Barossa sus operaciones. Los tintos son grandes, generosos y concentrados, mientras que los blancos están llenos de fruta soleada.

La frondosa región de Margaret River acoge a varios productores australianos importantes.

MARGARET RIVER

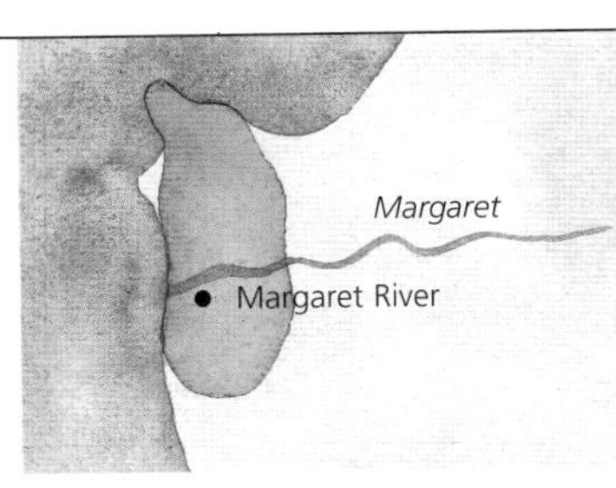

La mayoría de los vinicultores de la costera región de Margaret River practican el surf cada mañana. Es un lugar mágico donde los vinos se benefician del efecto refrescante del mar. La región rebosa de nuevos viñedos y bodegas. Estas últimas se agrupan en tres áreas principales a lo largo de la Bussell Highway, con vistas a Geographe Bay. Se han plantado nuevos viñedos en el cálido Jindong, en el norte, y en el más fresco Karridale, en el sur.

Nueva Zelanda

Nueva Zelanda es uno de los países productores de vino más pequeños del mundo, y ahora está experimentando probablemente el crecimiento más rápido de la industria vinícola. Sin embargo, esto no tiene gran importancia a escala internacional: Nueva Zelanda sólo produce un 1 % de los vinos del mundo. Pero se están abriendo nuevas bodegas, a razón de unas veinte por año, y eso por dos motivos principales: el mercado interior parece muy abierto, con cifras de consumo que se doblan de año en año, y también el del Reino Unido, pues, al parecer, los corazones británicos siguen muy apegados al sauvignon blanc de Nueva Zelanda. El país produce algunos de los mejores vinos del mundo, y todo eso se ha logrado en el espacio de unos veinte años.

Las uvas

Entre la blancas destacan la chardonnay y la sauvignon blanc, mientras que en tintas dominan la cabernet sauvignon y la pinot noir (gran parte de esta última se emplea en la elaboración del famoso espumoso de Nueva Zelanda). También se cultivan pinot gris, merlot y riesling.

Las regiones

La isla del Norte es más calurosa que la isla del Sur, aunque ambas comparten un clima marítimo frío. Generalmente, por lo tanto, los vinos de la isla del Norte son más maduros, con más cuerpo y de estilo algo más suave que los de la isla del Sur. En las onduladas colinas de Northland-Matakana se produce un gran vino tinto, mientras que en Waiheke Island, a media hora de trayecto de ferry desde Auckland, se elabora un vino de mezcla que tiende al estilo Burdeos. Otras regiones del norte son Waikato y Bay of Plenty, con sus botrytizados vinos de riesling, marca de calidad; Gisborne, que ha superado su reputación de envasar vino en cartón para producir blancos de calidad y tintos aceptables; Hawkes Bay, con un clima perfecto para obtener vinos de mezclas de estilo bordelés y vinos de chardonnay de máxima categoría, y Wellington, con sorprendentes tintos de pinot noir.

En la isla del Sur, Marlborough es famosa por sus vinos de sauvignon blanc, lo mismo que Nelson, donde se elaboran otros grandes vinos con la variedad chardonnay, con notas de lima. Canterbury y Central Otago completan el cuadro; ambas logran éxitos con la pinot noir.

Las regiones

1 Northland
2 Auckland
3 Waikato
4 Bay of Plenty
5 Poverty Bay
6 Hawke's Bay
7 Wellington
8 Nelson
9 Malborough
10 Canterbury

Hawke's Bay, una de las regiones vinícolas más antiguas de Nueva Zelanda, se sitúa también a la vanguardia de la vinicultura contemporánea.

HAWKE'S BAY

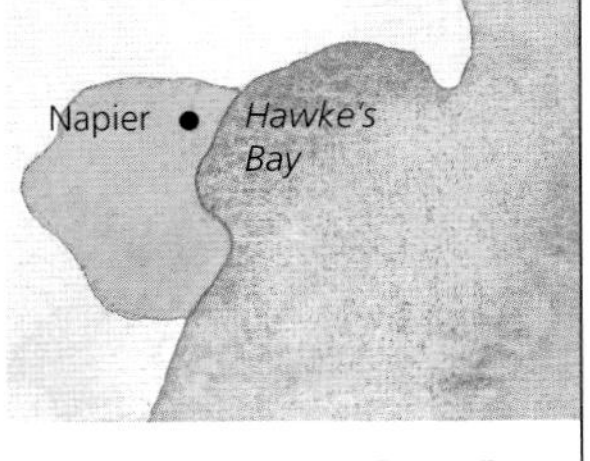

En Heretaunga Plain, las vides solían plantarse en los llanos de las orillas del río, pero los fértiles suelos les daban un exceso de vigor, y muchos viticultores se han trasladado a las laderas inferiores de las colinas de piedra caliza situadas más tierra adentro, donde las uvas son más maduras y más equilibradas. La reputación de Hawke's Bay está cimentada en sus mezclas de calidad de estilo bordelés. Los chardonnays, ricos y plenos, con un agradable toque de acidez de pomelo en el recuerdo, son también muy apreciados. La zona se está ampliando rápidamente, y una serie de subregiones han sido dedicadas a la producción de vinos de calidad.

En esta región se produce un gran sauvignon blanc.

MARLBOROUGH

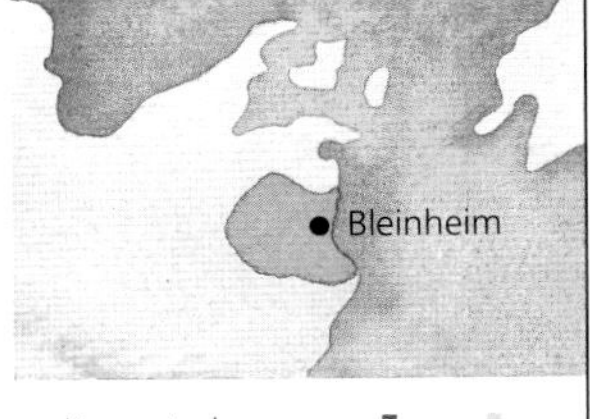

En Marlborough destacan los vinos de sauvignon blanc. No hay error posible con respecto a sus aromas: especiados, de grosella espina, de pimientos verdes, de pis de gato y de hierba recién cortada redondeados con una nota de lima. Su éxito se basa en una combinación de factores: marga de aluvión sobre profundos depósitos de grava; vendimia escalonada (diferentes niveles de madurez añaden complejidad al vino acabado); mejores clones, y eliminación de las hojas en abundancia, entre otros. El legendario viñedo de Cloudy Bay es un buen punto de referencia.

En los viñedos más meridionales del mundo se cultivan sauvignon blanc, pinot noir y pinot gris.

CENTRAL OTAGO

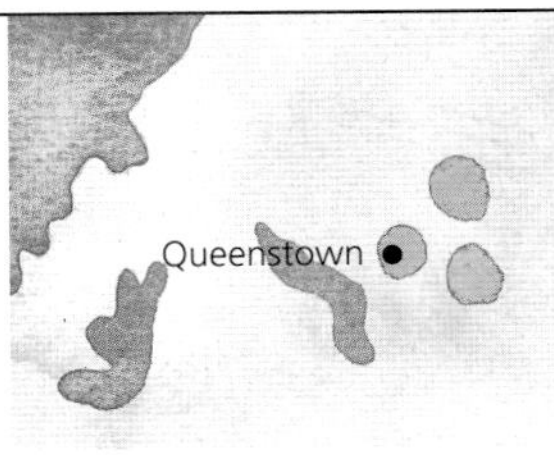

La región de crecimiento más rápido corresponde a la aislada zona vinícola de Central Otago, pese a que en un principio se decía que allí nunca se podría elaborar vino. Alberga los viñedos y las bodegas situados más al sur del mundo, como el Black Ridge Vineyard. Con el único clima continental de Nueva Zelanda, los viticultores han adaptado sus técnicas para adecuarlas a las condiciones climáticas. El inconveniente es que la maduración varía notablemente de una cosecha a otra. Brillan la chardonnay, la pinot gris y la riesling, aunque la pinot noir está apoderándose de la mayoría de los viñedos.

América del Sur

América del Sur sorprende al mundo entero con sus vinos, sabrosos y frutales, a buen precio. Chile y Argentina van en cabeza, pero otros países sudamericanos, como Brasil, Bolivia, Colombia e incluso Cuba están iniciando la producción.

Argentina

Es el mayor productor de vino de América del Sur, y ocupa el quinto lugar a escala mundial. Inversores extranjeros se disputan hoy día una porción de las aún relativamente baratas acciones, y todavía queda por adquirir mucha tierra de viñedos de primera clase: es el paraíso de los vinicultores.

La mayor parte de los viñedos argentinos se extienden alrededor de Mendoza, situada 1.100 kilómetros al oeste de Buenos Aires, la capital del país. El resto de los viñedos están esparcidos más al norte, en San Juan, La Rioja y Salta, con algunos viñedos en el lejano sur, en la región de Río Negro y Patagonia. Pero de las más de 1.000 bodegas que hay en Argentina, 600 están en Mendoza.

Esta situación se debe a los europeos, quienes empezaron a trasladarse a Argentina a finales del siglo XIX llevando con-

arriba La nieve que se funde en los andes riega los viñedos de Mendoza, en Argentina, durante todo el año.

sigo las cepas de su país (barbera, sangiovese, bonarda, torrontés, tempranillo y malbec) y las plantaron en amplios espacios. En los primeros tiempos, el consumo de vino se disparó: se bebían alrededor de cien litros per cápita. Después, los refrescos de cola y la cerveza pasaron a ejercer el dominio completo. Ahora se sitúa en los 42 litros.

Los británicos se beben el resto de la producción argentina, junto con los estadounidenses y pequeños grupos de otras nacionalidades. En las estanterías de los supermercados de media Europa hay vinos varietales de Argentina, con una buena relación calidad-precio. Ahora el país está dirigiendo sus esfuerzos a la producción de vino de mejor calidad, y ha conseguido algunos resultados excelentes.

La ciudad de Mendoza está a 700 metros sobre el nivel del mar, y los viñedos, aún a mayor altitud; el más alto se encuentra a 1.450 metros, en las estribaciones de los Andes. La mayor parte del tiempo el cielo está despejado; la nieve que se funde en las montañas alimenta los ríos durante los cálidos veranos y las frescas temperaturas nocturnas preservan la acidez y la intensidad del aroma de las uvas.

Pero no siempre ha sido así. Antes, prácticamente todos los viñedos de Argentina se extendían por las interminables y polvorientas llanuras desérticas al pie de las colinas, regados por una serie de canales que transportaban el agua desde las montañas. Se obtenían como resultado uvas gordas y en abundancia, que en el mejor de los casos producían sencillos vinos de mesa. Pero en los últimos diez años, los argentinos han tomado ejemplo de lo que se está haciendo en California y en otros lugares; además, han llegado los denominados *flying winemakers* (viniculltores de otros lugares del mundo), y todo eso ha contribuido a cambiar la situación. Ahora en cada bodega trabajan enólogos muy bien preparados.

izquierda Mientras que Argentina produce hoy día la mayor parte de los vinos de América del Sur, otros países, como Perú, llevan siglos elaborando vino.

Después de arrancar los ajos que allí crecían, los argentinos empezaron a plantar en las colinas más frescas y favorables, prestaron una gran atención a los viñedos, mantuvieron bajos los rendimientos y comenzaron a utilizar pequeñas barricas de roble, en su mayoría francesas. Mereció la pena.

Sin embargo, la vitivinicultura argentina todavía se encuentra en un estadio experimental, tratando de averiguar qué uvas son las más adecuadas para cada zona. La uva tinta que mejor responde, hasta la fecha, es la malbec. Por algún motivo brilla aquí, a diferencia de lo que ocurre en Burdeos, donde nunca pasó de la categoría de variedad rústica.

Zonas específicas han sido ya identificadas como las mejores para ciertas uvas: Tupungato para la chardonnay, por ejemplo, y Agrelo para la cabernet. Existe también un seguimiento creciente de la tinta española torrontés. Su peculiar fruta de aromas florales y especiados acompaña bien los alimentos aromáticos.

Chile

Al otro lado de los Andes está Chile. Este país ha recorrido un largo camino desde los primeros colonizadores y los vinos peleones de supermercado de la década de 1980. Igual que Mendoza, es un paraíso para los viticultores, y como en Mendoza, las cosas están cambiando con rapidez. Los viticultores se trasladan del fondo de los valles calurosos a la falda de las montañas, probando una variedad aquí y un clon allá. Antes, los suelos no solían tenerse tan en cuenta como ahora.

La serie de varietales también ha avanzado mucho; nadie se especializa, pero todos experimentan con multitud de variedades, desde las habituales a las sangiovese, mourvèdre, malbec, tempranillo, viognier e incluso la oscura variedad catalana garró.

Es corriente hablar de clonación, y las peculiaridades de determinados emplazamientos se discuten largamente. Las principales regiones son Aconcagua, con las dos subregiones de Valle de Aconcagua y Valle de Casablanca; el Valle Central, con sus subregiones de Maipo, Rapel, Curicó y Maule, y el Sur, con zonas como Bío Bío.

La industria vinícola está ahora atestada de productores –muchos de ellos mujeres– de las más diversas procedencias, desde Sudáfrica hasta Nueva Zelanda. Los chilenos están abiertos a las ideas del exterior y no tienen miedo a utilizarlas. Entre tanto, a los extranjeros les gusta lo que encuentran en Chile y se quedan, labrándose una vida con la mirada fija en los Andes.

La inversión es enorme. Magnates del café instantáneo, ricos productores de fruta enlatada y manufacturadores de productos farmacéuticos están invirtiendo dinero en bodegas al estilo de Napa. Los hijos de las familias propietarias de bodegas, recién salidos de escuelas de vitivinicultura, experimentan injertando variedades más populares en sus antecesoras pasadas de moda, como la moscatel y la sémillon, y elaboran vinos que ganan premios a miles de kilómetros de distancia.

Los cambios más interesantes se deben al trabajo con variedades bordelesas, como la cabernet sauvignon y la merlot, especialmente mezcladas. Los tintos chilenos están en auge, en parte porque la Universidad de Glasgow declaró sus efectos beneficiosos sobre la salud en un reportaje publicado hace un par de años (al parecer, el cabernet chileno está cargado de fenoles, véase página 168). También recién llegadas, como la syrah y la pinot noir, causan sensación.

Y los blancos, aunque no tienen todavía categoría mundial, son cada vez más variados –en especial los elaborados con chardonnay–, y no sólo debido al diferente uso del roble, sino a causa de las distinciones entre suelo y microclima. Las diferencias entre un chardonnay de Bío Bío, en el lejano sur, y otro de Casablanca, cerca de la costa, son notables. Tal vez el consumidor aún no se haya dado cuenta, pero no tardará en descubrirlo.

El sauvignon blanc es la segunda esperanza blanca de Chile. Aquí se cultiva el 27 % del sauvignon blanc de todo el mundo, aunque gran parte no es sauvignon sino sauvignonasse, una variedad no tan noble y menos sabrosa. El auténtico sauvignon blanc tiene en Chile notas más tropicales. Los chilenos están sustituyendo ahora las malas cepas enviadas originalmente por los franceses por otras de mayor calidad.

Con la merlot ocurre algo parecido: los franceses enviaron una variedad de Burdeos poco conocida, llamada carmenère, pero sorprendentemente se adaptó muy bien, y en algunos casos da mejor resultado que los verdaderos clones de merlot. La viognier es también otra heroína emergente, y las etiquetas lucen su nombre con orgullo.

Uruguay

Mientras que en Chile y Argentina se elabora hoy día la mayoría de los vinos sudamericanos, otros países de América del Sur han producido vino durante siglos. Una gran parte no es de muy buena calidad, pero hay posibilidades en Uruguay, que ahora está haciendo un esfuerzo por exportar como sus vecinos. En este país se elabora una considerable cantidad de vino, que es absorbida por el saludable mercado interior, y no todo es vino peleón. Están apareciendo algunos tintos suaves y sabrosos elaborados con tannat, una uva procedente del País Vasco francés.

abajo Argentina no es sólo el mayor productor de vino de América del Sur, sino también el quinto mayor productor del mundo.

Estados Unidos

Estados Unidos, o California para ser exactos, nos dio los primeros vinos frescos, frutales y abordables de los nuevos países productores, poniéndose a la altura de Europa. El vino se produce en muchos estados, desde Oregón hasta el estado de Nueva York, pero California es todavía el principal protagonista.

California

La mayor parte de las botellas de vino estadounidenses, alrededor del 90 %, proceden de California. En el llamado Golden State se elaboran vinos desde mediados del siglo XIX, aunque con algunas interrupciones: la filoxera en los comienzos, después la ley seca, una depresión y una guerra. Pero se recuperó y ahora produce algunos de los vinos más asombrosos del mundo, elaborados en todo o en parte con unas cuantas variedades internacionales, entre ellas la chardonnay, la merlot, la pinot noir y la cabernet sauvignon. Todo aficionado al vino debería probar un cabernet de Napa.

Con su intenso sabor a cerezas negras cubiertas de chocolate, menta y cedro, lo llaman el pauillac del oeste. Napa tiene la mayor concentración de viñedos y bodegas del estado y se ha hecho un nombre produciendo los vinos más prestigiosos de la nación (por no decir los más caros). La calidad no siempre está a la altura de los elevados precios, pero los estadounidenses se lo pueden permitir. Por algo es éste es el país más rico del mundo...

Cuando se pusieron por primera vez a la venta, las etiquetas más importantes salieron a subasta y los billonarios de Silicon Valley pagaron por ellas unos precios desorbitados, lo que las mantuvo en su categoría de producto de culto. Los terrenos de los viñedos más antiguos alcanzan unos precios impensables, y en total no hay muchos, pues la región de Napa tiene sólo 32 kilómetros de largo.

arriba Santa Bárbara, en California, está emergiendo como una estrella internacional en el mundo del vino.

Napa tiene también el mayor número de *approved viticultural areas* (AVA) –áreas viticulturales aprobadas–, entre ellas Stag's Leap, Howell Mountain y Oak Ville. Las AVA son un tipo de identidad geográfica que se utiliza en toda la nación; cuando en una etiqueta aparece la indicación de AVA, el vino tiene un 85 % de uvas de esa área. Si se menciona una variedad de uva, el vino debe tener un 75 % de esas uvas. Si se nombra un determinado viñedo, el vino debe tener un 95 % de uvas de ese viñedo. Por otro lado, una añada debe tener el 95 % de las uvas cosechadas en ese año.

Después de las llamativas bodegas de Napa, la cercana Sonoma es un soplo de aire fresco. Allí se elabora también buena parte de los vinos importantes, pero por lo general son más abordables (el precio del suelo es aproximadamente la mitad). Es una de las regiones más diversas de California, con frías depresiones costeras como Russian River para la pinot noir y lugares calurosos como Dry Creek Valley para la sensacional zinfandel.

La zinfandel es una variedad que prospera en el lejano sur, en la región vinícola de San Luis Obispo, en la Costa Central. Es la cuarta área costera de cultivo en extensión, y sus vinos de calidad se sitúan después de los de Sonoma, Napa y Monterrey. El mejor emplazamiento para los tintos es alrededor de la ciudad de los vaqueros, Paso Robles. Todavía más al sur está el condado de Santa Bárbara, que hay quien considera que será la próxima Napa. En treinta años se ha desarrollado prácticamente desde cero hasta mover 100 millones de dólares. La pinot noir y la chardonnay cultivadas en la zona de Santa Ynez Valley son asombrosas, y también hay excelentes varietales del Ródano. Otras áreas vinícolas de California son Mendocino, Carneros, Santa Cruz Mountains, Lake County, Alameda, Santa Clara, San Benito y Sierra Foothills.

El noroeste de Estados Unidos

Idaho no está exactamente a orillas Pacífico, pero es uno de los tres estados que constituyen la Pacific Northwest Wine Coalition, formada en 1991 para promover los vinos de esa región en el extranjero. Washington y Oregón son los otros dos. En Idaho la vinicultura acaba de empezar, con un par de docenas de bodegas concentradas en el suroeste del estado, a lo largo del Snake River.

izquierda El pinot noir de Oregón puede igualar e incluso superar alguno de los mejores borgoñas de Francia.

Oregón tiene cinco veces más bodegas y todavía está creciendo. En otros tiempos el escenario del vino en Oregón sólo contaba con algunos productores a pequeña escala, pero ahora se han puesto en acción algunos grandes bodegueros, que han volcado su dinero en experimentos con clones y en la elección de emplazamientos.

Aquí la estrella es la pinot noir. En una cata a ciegas celebrada en 1980, un vinicultor de Oregón deslizó su pinot noir entre una serie de borgoñas franceses de primera calidad. Quedó segundo. Ahora la región atrae a muchos inversores extranjeros en busca de la mejor pinot.

Oregón también se está haciendo famosa por otros varietales, especialmente de pinot gris, que está desbancando rápidamente a la chardonnay; según un criterio que se apunta, Oregón es demasiado húmedo para la chardonnay, que puede presentar una áspera acidez y un afrutado débil.

Willamette Valley, la más fría y más húmeda de las tres regiones vitícolas designadas, acoge aproximadamente dos tercios de las bodegas de Oregón. Hacia el sur hay más distritos vinícolas: Umpqua Valley y la región de Rogue River (con su subdenominación de Applegate), e Illinois y Rogue River Valleys. También hay algunos viñedos en el clima desértico de Eastern Oregon, Columbia Valley y Walla Walla Valley.

Mientras Oregón permanece sombría bajo la incesante lluvia que cae entre noviembre y abril, el estado de Washington necesita agua para sus descuidados viñedos invadidos por las malas hierbas. Hay grandes diferencias entre las temperaturas diurnas y nocturnas, y las más altas del verano alcanzan los 35 ºC mientras que en los helados inviernos pueden llegar a descender

abajo La mayoría de las bodegas de Oregón se encuentran en Willamette Valley.

izquierda El Walla Walla Valley, en Washington, produce uvas de gran riqueza.

hasta los 25 ºC bajo cero. Es asombroso que las cepas puedan sobrevivir en estas condiciones, pero las plantas se acomodan rápidamente y crece la intensidad frutal debido en parte a la mayor cantidad de horas de sol. Los viticultores están trasladando gradualmente sus viñedos del fondo de los valles calurosos a las colinas más protegidas. Los mejores emplazamientos son ocupados por los más decididos, que pugnan por introducir sus uvas en las bodegas más importantes de la región.

Existen cuatro denominaciones principales y seis subdenominaciones, cada una de ellas con sus propias condiciones climáticas. La mayor es Columbia Valley; mucho más pequeña es Yakima Valley, y después están Walla Walla y Puget Sound. La merlot se cultiva especialmente bien, pero la syrah es la uva que más llama la atención: tiene gancho y parece que la zona la favorece. También hay blancos elegantes elaborados con chardonnay, riesling, sémillon y sauvignon blanc.

Estado de Nueva York

La industria vinícola del estado de Nueva York está experimentando un gran auge. En realidad hace décadas que se elabora vino en esta zona, al este de la Gran Manzana: llegó a ser la segunda mayor productora de vino del país, aunque ahora está por detrás de todas las citadas anteriormente. Pero como en muchas jóvenes y prometedoras regiones vinícolas, se ha invertido dinero en la más moderna tecnología y se ha incidido más en la selección de las uvas. Finger Lakes, situada en altitud por encima de una serie de lagos, produce la mayor parte de los vinos del estado: los lagos hacen posible el cultivo de las uvas para vino, moderando el clima en los meses invernales y protegiendo los viñedos de las peligrosas heladas. Hay algunos vinos de chardonnay y de riesling muy aceptables, pero se cultivan también uvas como la cabernet sauvignon y la merlot. Entre sus especialidades se encuentran los vinos espumosos y los vinos de hielo.

Las bodegas de Long Island tienen un aspecto tan acicalado como las casas. Es la región de cultivo más calurosa del estado, de modo que prosperan uvas como la cabernet sauvignon. Está dividida en dos AVA: The Hamptons y North Fork. Las mejores de las variedades tintas son la merlot y la cabernet franc, mientras que la sauvignon blanc es la mejor uva blanca del estado.

Hay otras dos regiones vinícolas en el Estado de Nueva York: Lake Eric y Hudson River.

Otros estados

De los restantes estados de América, 36 (Hawai incluido) producen vinos. Entre ellos destacan Nuevo Méjico, Maryland, Virginia y Arizona, pero todavía no hay mucho que decir sobre ellos.

arriba Los viñedos de North Fork, en el Estado de Nueva York, producen una pequeña cantidad de vino, pero de gran calidad.

Canadá

En el pasado, los vinos de Canadá fueron tratados con rigor por la prensa vinícola europea. Se decía que lo único que merecía la pena beber de ese país era el vino de hielo. El vino de hielo, elaborado principalmente con uvas riesling recogidas en lo más frío del invierno y transformadas en el néctar de más dulce sabor, es sin duda delicioso. Pero Canadá se está acercando a la cúspide de la producción de grandes vinos de mesa. Incluso ha inaugurado su primer centro vinícola de investigación y enseñanza en la Brock University de Ontario. Si bien es indiscutible que todavía no se han alcanzado grandes resultados, pues hay que experimentar más para saber qué uvas se cultivan mejor y dónde, la inversión y las ganas están ahí. Incluso productores borgoñones han invertido dinero en nuevos viñedos además de concertar acuerdos comerciales.

Las uvas

Todas responden bien. Se cultivan chardonnay, gamay, gewürztraminer, cabernet franc, merlot, riesling, pinot blanc, pinot noir, viognier, chenin blanc, ehrenfelser (un cruce de riesling y sylvaner), maréchal foch (un resistente híbrido francés de maduración temprana que produce vinos afrutados de poco cuerpo), baco noir (tocino ahumado y rica fruta negra) y vidal (un híbrido francés de hollejo grueso que produce un buen vino de hielo).

Las regiones

Aunque cuatro de las diez provincias canadienses son adecuadas para el cultivo de viñedos, la mayoría de ellos están en dos provincias: la península de Niágara, en Ontario, y el valle de Okanagan, en la Columbia Británica.

El paisaje en la Columbia Británica es exuberante, mucho más bello que el de

izquierda La entusiasta visión de los viticultores de treinta años atrás está ahora haciéndose realidad en el idílico valle de Okanagan.

Ontario, que resulta bastante monótono. Pero esta última provincia tiene sus encantos peculiares. El primero, el lago, ejerce además una influencia moderadora sobre el clima. Si bien es una zona bastante calurosa y húmeda en verano, las temperaturas medias mensuales se pueden comparar con las de muchos de los lugares calurosos productores de los vinos más elegantes del mundo.

Ontario produce el 75 % de los vinos de Canadá, de muchos estilos diferentes, aunque prima el blanco. La mayor parte de los viñedos están en la península de Niágara, donde los llaman *benches*: son áreas con diferentes tipos de suelo que se extienden bajo un alto cerro llamado Niagara Escarpment. Cada *benche* da diferentes características al vino. El riesling es especialmente bueno. Los vinos son suntuosos, pero por desgracia la tendencia actual a desinteresarse por las uvas implica que se produzcan en poca cantidad.

En la Columbia Británica, en la época de la cosecha, los viticultores se disputan las uvas con osos hambrientos. Prácticamente todos los viñedos están en el valle de Okanagan, alrededor del lago de aguas cristalinas. Es un lugar asombroso, con dos partes claramente definidas: el norte del valle, más frío, donde prosperan aromáticas variedades blancas como la pinor gris y la riesling, y el caluroso y árido sur, con sus viñedos de cabernet y merlot. La merlot es hasta la fecha la variedad que con más éxito se cultiva en Canadá. Aquí se empezó a elaborar vino en la década de 1970, y gracias a unos cuantos viticultores entusiastas el potencial de la zona va camino de ser aprovechado.

La calidad

Al comprar una botella de vino canadiense, hay que fijarse en que en la etiqueta aparezca el sello VQA (Vintners' Quality Alliance). La VQA establece los reglamentos y comprueba que los productores se atengan a ellos. Existen dos niveles de calidad. El primero es la *provincial designation*, que obliga a que los vinos se elaboren con una o más uvas de *Vitis vinifera* o uvas híbridas de *vinifera* de una lista determinada, cultivadas en una provincia concreta. Si el vino es varietal, debe contener el 85 % de esa variedad. A continuación viene la *geographic designation*, una regulación rigurosa basada en las *designated viticultural areas* (DVA) que exige que un mínimo del 85 % de las uvas proceda del área vitícola que aparece citada en la etiqueta.

derecha Las uvas riesling se cosechan para elaborar vino de hielo en el nevado paisaje invernal de Saint Catherine, Ontario.

Otros países

En esta sorprendente sección se hace referencia a países como Japón, India o China, así como a otros más próximos y potencialmente grandes productores de vino, como por ejemplo Grecia.

izquierda Las montañas forman el espectacular telón de fondo de los viñedos cubiertos de nieve de Valais, la principal zona productora de vinos de Suiza.

Suiza

Si se hace referencia a Suiza en la sección "otros países" es porque los vinos de esta región no destacan en las estanterías de las vinaterías, pese a que también se está intentando producir vinos asequibles.

Suiza se esfuerza actualmente en causar impacto fuera del país. Los vinos que se elaboran en la nación alpina se venden con facilidad dentro de sus fronteras, pero resultan bastante caros cuando llegan al extranjero, debido a los aranceles y otros impuestos.

Tampoco se produce una gran cantidad de vino. La variedad chasselas es la más cultivada, y aunque es una uva que no da buenos resultados en cualquier parte, en Suiza puede dar lugar a blancos realmente interesantes. El país tiene también otras uvas poco habituales, como la petite arvine, la amigne y la humagne blanc. Las variedades más conocidas son la gamay, la pinot noir y la merlot. Muchos de los viñedos están en el cantón de lengua francesa, la mayor parte en Valais.

Luxemburgo

Curiosamente, Luxemburgo tiene una próspera aunque pequeña industria vinícola, con muchas de las variedades germánicas plantadas a lo largo de las orillas del río Mosela. Pero por desgracia poco más se puede decir, ya que los vinos rara vez salen del país, y además no son excepcionales.

Moldavia y Montenegro

En Moldavia y Montenegro también se elabora vino, aunque éste no llega a cualquier vinatería. Tienen un largo camino por recorrer, y no han asumido adecuadamente el concepto de marketing. Sin embargo, el potencial de Montenegro es indudable.

Grecia

Los vinos de Grecia no entran en la lista de las prioridades de los aficionados al vino. Grecia va a la zaga de cualquier otro país europeo en términos de calidad de vinos, modernización e inversión. Pero también allí las cosas están cambiando. El vino de Grecia, y no sólo el retsina, está empezando a traspasar las fronteras.

Algunas haciendas concretas elaboran buenos vinos con variedades autóctonas de nombres difíciles de pronunciar, como xynomavro, agiorgitiko y moscophilero. Afortunadamente, los productores de Grecia, aunque también cultivan variedades internacionales, han tenido la buena idea de conservar sus uvas autóctonas.

Chipre

Al pensar en Chipre lo primero que acude a la mente es el vino fortificado. Pero en Chipre se están elaborando algunos tintos ligeros muy aceptables. Nuevas plantaciones de garnacha y cariñena prosperan junto a las variedades autóctonas, como la mavro, la promara y la maratheftico. Actualmente se producen nuevas inversiones y se gestionan mejor los viñedos.

Croacia y Macedonia

Antes de dejar esta parte del mundo, Croacia y Macedonia merecen una breve mención, sólo breve porque aunque tienen unos vinos del país aceptables, el clima social y político impide ahora que alguno de ellos se pueda ver en las vinacotecas.

Turquía

Turquía también merece una mención, aunque sólo referida al pasado, porque ahora no hay vinos verdaderamente interesantes ni para la exportación ni para el consumo interior. El poco vino que hay (elaborado principalmente para los turistas) está pasado de moda y comprende tintos delgados y alcohólicos, y blancos oxidados.

India

Con una industria vinícola en desarrollo, la India encabeza la lista de los países orientales productores de vino. Franceses, americanos, australianos y otros están al acecho de oportunidades para invertir. De hecho, algunos inversores extranjeros ya se han instalado, así como enólogos de renombre internacional, que realizan su trabajo en las mejores bodegas. Uvas como la ugni blanc, la chardonnay, la colombard y la pinot blanc se han plantado en terrenos elevados para elaborar espumosos y blancos aceptables. Las siguen las tintas, desde la cabernet sauvignon a la pinot noir.

China

China es una gran desconocida, también en lo que a vinos se refiere. Resulta asombroso, pero produce la misma cantidad de vino que Chile, aunque no oímos hablar de él porque la numerosa población del país se bebe la mayor parte. También en este caso, el país atrae en gran medida el interés de los inversores extranjeros. En la península de Shandong es donde hay más movimiento, y viticultores occidentales están ahora asesorando a los locales. Ya hay algunos vinos de chardonnay aceptables, y también vino elaborado con variedades de uva germánicas e incluso rusas.

Japón

En Japón se cultiva uva desde hace milenios, pero los japoneses han preferido comerse la fruta que transformarla en vino. La uva más popular es la koshu, y también hay una serie de variedades europeas, pero el clima en casi todas las zonas del país es inadecuado para la elaboración de vinos.

abajo La producción de vino en China ya ha alcanzado niveles aceptables, y se le augura un futuro prometedor.

La ciencia del vino

Esta sección constituye una breve introducción a las cuestiones técnicas que rodean la elaboración del vino. Las nociones básicas, como el cuidado del suelo y de las viñas y la gestión del rendimiento, son bastante sencillas. Pero también se efectuará una aproximación a los hongos, perjudiciales o beneficiosos, que afectan a las uvas, y a los parásitos que destrozan las vides, así como a antiguos métodos de elaboración, como los del jerez y el oporto. Y finalmente se expondrá una cuestión médica y científica, la prueba según la cual beber cada día un poco de vino es bueno para la salud.

El emplazamiento del viñedo

arriba Según la concepción tradicional, los vinos más finos proceden de los climas más fríos. Sin embargo, muchas veces, en estos climas la pluviometría es demasiado elevada y el sol, insuficiente.

Por lo general, quien se lleva el mérito de haber elaborado una deliciosa botella de vino es el vinicultor o el enólogo. Sin duda, su trabajo es muy importante: un vinicultor puede manipular incluso una mala cosecha y llegar a obtener una bebida aceptable si utiliza los medios adecuados. Pero nada de lo que haga el vinicultor influirá tanto en el sabor del vino como la materia prima y las condiciones de cultivo.

Las diferentes variedades de uva a las cuales se ha ido haciendo alusión hasta ahora, naturalmente, determinan en gran medida el sabor. Pero cómo y dónde se han cultivado define la personalidad del vino. Las condiciones se pueden repetir, pero casi siempre la geología y el clima de una zona determinada son únicos.

No se puede cultivar uva para vino en cualquier terreno ocupado desde mucho tiempo atrás por viñedos (aunque en Japón y Tailandia se está apostando por ello). En la situación ideal, los inviernos deben ser fríos, lo suficiente para dejar que las vides entren en período de reposo y conserven su energía hasta la primavera. En primavera, cuando la vid empieza a florecer, necesita sol hasta que llega el momento de la cosecha, con sólo una pequeña dosis de lluvia veraniega seguida por una brisa suave y secante, y un otoño largo y seco.

Las regiones del mundo productoras de vino se agrupan en dos bloques claramente definidos: las zonas templadas se sitúan entre los 50° y los 30° de latitud norte, y entre los 30° y los 50° de latitud sur.

La pauta solía ser que las zonas más frías, más alejadas del ecuador, producían el vino más fino, mientras que las áreas de viñedo

izquierda El Languedoc está situado casi en el centro de la zona templada del hemisferio norte.

más calurosas, de gran rendimiento, producían vinos de calidad inferior. Pero ahora muchos viticultores de los países cálidos están haciendo todo lo posible para vendimiar antes y para gestionar mejor los viñedos, además de recurrir a otras hábiles estratagemas para imitar las condiciones de los climas más fríos. Cuanto más cerca del Ecuador, más difícil es producir vinos de calidad. Las lluvias tropicales tienen como consecuencia enfermedades de la vid provocadas por hongos (de hecho, cualquier exceso de lluvia las provoca) y, como no hay invierno, la vid nunca descansa, de modo que continúa produciendo fruta poco madura –hasta tres cosechas al año–, en "estaciones" artificialmente manipuladas por la poda y el riego. Pero en los climas más fríos llueve mucho, y eso tampoco es bueno para las uvas. En los países fríos, los más codiciados son los lugares soleados. Los mejores emplazamientos en el hemisferio norte son las laderas orientadas al sur, que desde el amanecer hasta el crepúsculo están bañadas por los rayos del sòl.

El sol, o mejor dicho la falta de sol, es el problema principal de los viticultores en los climas fríos, porque algunos años las uvas pueden no alcanzar la madurez completa, incluso en los mejores emplazamientos. Para poder elaborar vino, en las uvas debe haber suficiente azúcar para que las levaduras lo transformen en alcohol. Y el sol es el que determina el contenido de azúcar.

Las inclemencias del tiempo, especialmente la escarcha y el granizo, durante la floración de las vides, hacia el final de la primavera, pueden también resultar nefastas, pues afectan al número de racimos, y por tanto al volumen de la cosecha.

Cuando hay demasiado sol, es necesario regar. Muchos viñedos de los nuevos países productores no existirían sin riego. Ahora bien, el riego todavía se contempla con cierta reticencia. La irrigación no está controlada ni regulada como desearían los viticultores, y algunos de los países que no sufren escasez de agua se quejan de que en otros los rendimientos son demasiado altos debido al uso liberal del riego. Pero existen sistemas muy sofisticados que detectan las necesidades concretas de cada suelo y cada uva.

abajo Plantación de viñedos en una ladera orientada al sur en el hemisferio norte. Así se asegura una máxima exposición a los rayos del sol.

El suelo

arriba En el Mâconnais, los viñedos se extienden por la ladera al pie de la mole rocosa de Solutré, la señal de identidad de la zona.

Después de determinar cuál es el emplazamiento ideal para un viñedo, hay que tener en cuenta que el modo de seleccionar y plantar las viñas influirá en la calidad de la fruta. El lugar idóneo para plantarlas es a media altura de una ladera. En llano, las vides reciben menos sol, están mal drenadas y son más propensas a helarse, mientras que en la parte inferior de una colina puede haber un exceso de humedad, sobre todo si hay un río cerca. Las vides a media altura reciben el máximo de luz solar y tienen el mejor drenaje. A mayor altitud, las frías temperaturas pueden alterar la maduración de las uvas, mientras que la cima es demasiado fría y ventosa y, si está cubierta de árboles, no hay bastante sol.

A cada vid le conviene un tipo de suelo distinto. El suelo, o para ser más exactos el drenaje del suelo, afecta al sabor del vino. Un suelo bien drenado es caliente. Un suelo empapado es frío. En principio, la temperatura del suelo es incluso más importante para el desarrollo de las vides que la del aire. Eso no quiere decir que un suelo bien drenado sea siempre mejor que un suelo de arcilla húmedo. Los suelos bien drenados pueden ser propensos a helarse, o pueden aportar un exceso de calor a las uvas. Un suelo de arcilla frío puede sustentar cepas de maduración temprana como la merlot, y dar mayor estructura al vino.

Para saber cómo afecta el suelo al sabor de las uvas, consideremos la chardonnay, por ejemplo. Cultivada en Chablis, en suelos de piedra caliza, dará un vino con una calidad mineral. Pero la chardonnay cultivada en suelos de arcilla de California tendrá un sabor mucho más intenso.

derecha Los suelos de pizarra, como los de la región del Mosela, en Alemania, retienen bien el calor y así compensan la falta de sol.

Hay muchos tipos de suelo, pero son cuatro los tipos principales a recordar. El cretáceo tiene buen drenaje. No a todas las variedades de cepas les gustan los suelos alcalinos, pero las que prosperan en las laderas cretáceas, como la chardonnay, producen vinos blancos de mucho carácter. El punto clave de las uvas cultivadas en un suelo cretáceo, es decir, de piedra caliza, es su acidez. Tienen este tipo de suelos Champagne, Chablis y Sancerre.

En cuanto a los suelos de granito, en ellos las piedras actúan como reflectores, haciendo rebotar el calor del sol a las uvas, que producen grandes tintos de elevada graduación alcohólica, como el Châteauneuf-du-Pape.

Muchos viñedos están situados en suelos de grava, en las laderas de valles surcados por un río. Las vides se desarrollan mejor en suelos pobres y bien drenados, donde hunden profundamente sus raíces para encontrar nutrientes. La cabernet sauvignon gusta de este tipo de suelo; de hecho, la bordelesa denominación Graves significa "grava". Pero la calidad del vino depende de con qué está mezclada la grava: si se asienta sobre arcilla, el vino tendrá menos acidez que si se asienta sobre piedra caliza.

En cuanto a los suelos de pizarra, contienen una gran cantidad de minerales que convienen a algunas cepas, y en regiones como la de Mosela, en Alemania, ayudan a retener el calor, que compensa la falta de sol.

En una región vinícola, una distancia de una o dos hectáreas hacia la derecha o hacia la izquierda puede implicar un cambio espectacular en la calidad del vino. En todas las épocas ha ocurrido: algunas parcelas de tierra producen mejor vino que las colindantes, pese a los esfuerzos y al dinero que se invierten para igualar la calidad. Burdeos es el ejemplo más evidente: los nombres de los grandes tintos *premier cru* han sido reverenciados desde el siglo XIX. Y en Borgoña se ha establecido una complicada puntuación jerárquica de diferentes viñedos y denominaciones. Todo esto se resume en la elegante palabra francesa *terroir*, que designa la combinación de suelo, emplazamiento y clima.

LAS PLAGAS

Cualquier viticultor de uvas para vino siente un escalofrío sólo con oír la palabra filoxera. La filoxera es un pequeño insecto que destruye las raíces de la *Vitis vinifera* y es capaz de acabar con un viñedo entero. A finales del siglo XIX arrasó muchos viñedos franceses, y después siguió su camino por los del resto de los países productores. A partir de entonces, en los viveros de todo el mundo se trabajó para producir pies de cepa resistentes a la filoxera. Y finalmente se encontró una solución: injertar vástagos de *Vitis vinifera* en pies de cepa americanos, cuyas raíces son resistentes a la plaga. Desde entonces, ha habido algún rebrote, especialmente en el norte de California en la década de 1990, donde todavía no ha concluido un costoso programa de replantación.

Plantar y cultivar

Una vez se conocen los tipos de suelo, el clima idóneo, las variedades (y los clones) más adecuadas para cada emplazamiento y sobre qué pies de cepa resistentes a la filoxera (véase página 151) se va a plantar la vid, hay que pasar a cultivar. Para eso se tiene que saber a qué distancia plantar las vides, cómo podarlas y cómo emparrarlas.

En el caso de muchos viticultores de la vieja Europa, ya sus antepasados tomaron estas decisiones, aunque eso no quiere decir que no haya lugar para innovaciones. El actual entusiasmo por los vinos que ya están a punto para ser consumidos ha tenido como resultado que se estén llevando a cabo muchos cambios en los viñedos de toda Europa. Un mejor *canopy management*, por ejemplo, significa uvas más maduras, y uvas más maduras significa vinos con más fruta. Si esto se combina, por ejemplo, con máquinas despalilladoras en las bodegas, se obtienen vinos que estarán a punto para beberlos dos años después de la cosecha, frente al plazo de cinco años de espera que se consideraba obligado en el pasado.

abajo Para decidir cómo cultivar las vides hay que hacer juegos malabares con muchos factores: estas sauvignon blanc muestran signos de estar quemadas por el sol.

En cuanto a la densidad de los viñedos, en el norte húmedo de Francia, por ejemplo, se pueden llegar a plantar hasta 10.000 vides por hectárea, mientras que en las áridas llanuras de España, donde las raíces de las vides tienen que extenderse por una mayor superficie de terreno para obtener humedad, puede haber sólo unas 1.400 plantas por hectárea.

El espacio entre dos hileras también es distinto en los viñedos europeos que en los de los nuevos países productores. En Eusopa están a espacio suficiente para que una persona (o un caballo, hasta hace poco) puedan moverse entre las vides. Si se utilizan máquinas, están preparadas para trabajar entre las relativamente bajas y próximas hileras. Muchos de los viñedos de los nuevos países productores se han proyectado desde un principio para utilizar máquinas recolectoras, de modo que las hileras están a unos tres metros de distancia.

La dirección en la que se decida plantar las vides –de norte a sur, de este a oeste– es también objeto de discusión, pues intervienen factores como las características del clima: elementos como el viento, el sol y la erosión del suelo.

También se tiene que valorar el modo de guiar las vides. Un viejo método es el de la vid en vaso, en el que la planta crece sin soportes, como un arbusto silvestre. La forma más popular de guiarlas es la denominada "en espaldera", que consiste en apoyar las vides a lo largo de alambres. Así se controla el vigor de la planta, al tiempo que se evita que se extiendan enfermedades. Guiando las vides se obtiene también una mejor circulación del aire, lo que evita que las uvas se pudran, y, por lo general, una mejor resistencia a los elementos. Existen innumerables métodos de poda, entre ellos la poda *guyot* simple y doble, la doble cortina de Ginebra (muy desarrollada en Estados Unidos), y la poda *gobelet*.

Canopy management es otra de las expresiones que se utilizan. Se trata de una técnica que consiste en "clarear" la vid, para dejar expuesto nuevamente el fruto cuando la abundancia de

lluvia ha propiciado un excesivo vigor de las hojas, que ocultan las uvas e impiden que reciban los preciosos rayos de sol que las hacen madurar. La manera de podar las viñas, así como la intensidad de la poda, afectará al rendimiento de las plantas.

Otra de las indicaciones que pueden aparecer en una etiqueta es la de "cepas viejas". Una vid está lista para rendir comercialmente en su tercer año y mantiene una producción constante hasta los veinte años aproximadamente. Después, la cantidad de uva que proporciona empieza a disminuir, pero no necesariamente la calidad. De hecho, muchas veces la calidad de la fruta aumenta, y por eso actualmente se añade esta especificación en la etiqueta de los vinos, aunque puede significar que las cepas tienen entre diez y cien años.

arriba Los viñedos europeos, como este de Basilicata (Italia), estaban tradicionalmente plantados en hileras con sólo suficiente espacio entre ellas como para que pudieran moverse los trabajadores; por el contrario, muchos viñedos de los nuevos países productores fueron proyectados para que entraran máquinas recolectoras, por lo que las hileras están mucho más espaciadas.

Lo que el viticultor pretende es conseguir uvas con mayor concentración de azúcares naturales (producidos por la luz solar y el agua por medio de la fotosíntesis) y que conserven un adecuado nivel de acidez. Cuando los niveles de azúcar aumentan también lo hacen todos los deliciosos aromas.

La vendimia

Vendimiar es un trabajo agotador, y también deslomador, porque los vendimiadores se encorvan para separar las hojas y cortar los racimos más bonitos. A continuación se hará una exposición somera del proceso por el que pasa la vid antes de que lleguen los días de la vendimia.

En invierno, aparentemente la vid no da señales de vida: las cepas ennegrecidas sobresalen de la dura tierra con sus vástagos desnudos y delgados. Las vides están reposando, conservando toda su energía hasta la primavera, cuando se volverá a iniciar el proceso que acabará con la vendimia. En los climas muy fríos, como los de Canadá y algunas zonas de Alemania y Austria, al vedimiar se dejan algunos racimos en las vides para que acumulen más azúcar y eventualmente se hielen. El resultado es un vino dulce con una concentración sorprendente, el llamado *eiswein* (vino de hielo) (véase vinos dulces, página 34).

La poda es el único trabajo que se realiza en un viñedo durante el invierno. Es importante podar en esta etapa, especialmente en los climas más fríos, pues es el mejor sistema (junto con una plantación de alta densidad) para que un viticultor pueda planear el rendimiento anual, determinando –lo que es muy importante– el número de racimos que cada vid debe producir.

El rendimiento es la cantidad de vino que producen las uvas. En Europa se mide por hectolitros de vino por hectárea de viñedo; en Estados Unidos, por toneladas de uva por acre. El rendimiento lo determinan las características de la uva, el tipo de vino que se elabora y el tipo de prensado de las uvas.

En la producción de vinos de calidad, los bajos rendimientos se suelen considerar los mejores, en especial en los climas fríos.

En primavera, empiezan a brotar pequeñas yemas de los vástagos que quedaron en

izquierda Tras un año de atenciones, protegiendo las vides contra las heladas, los pájaros y el efecto desecante del sol, el cultivador decide cuál es el momento adecuado para vendimiar.

las vides después de la poda invernal. Las heladas son en este punto el mayor peligro, y los viticultores usan todo tipo de métodos para evitarlas: desde colocar radiadores de petróleo al final de cada hilera de vides hasta hacer volar helicópteros sobre las vides para calentar el aire. Las vides se resienten por debajo de 5 ºC bajo cero. Más entrada la primavera, los insectos nocivos son también un problema.

La época de la floración se prolonga desde una o dos hasta doce semanas después de la aparición de las primeras flores. Algunas flores son fertilizadas y se convierten en bayas o uvas. También en esta época, las condiciones climatológicas influyen en la cantidad de la cosecha.

Durante el verano, el sol transforma las duras y verdes uvas en frutas maduras y jugosas. Si hay demasiada uva, se hace una poda en verde (o clareado), cortando algunos futuros racimos a mano para dejar que los restantes maduren mejor. El toldo –las hojas– se puede recortar también para que puedan entrar los rayos del sol y la fruta siga madurando. Llegados a este punto, el problema son los pájaros; por lo tanto, puede ser necesario tender redes sobre las vides.

Los niveles de acidez descenderán a medida que avance el tiempo, y las uvas empezarán a suavizarse y a cambiar de color, lo que se conoce como "envero". Las ligeras lluvias veraniegas son buenas en ese momento para proteger el viñedo contra los efectos desecantes del sol. Si no llueve, el riego es esencial. La uva irá así madurando hasta el otoño, en que llegará el momento de vendimiar; el cultivador decidirá cuál es el más adecuado. Deberá optar entre arriesgarse a dejar las uvas unos días más en la vid para que suba su grado de azúcar, con el peligro de que las condiciones meteorológicas empeoren, o bien empezar a vendimiar de inmediato para evitar problemas.

Cuando la vendimia empieza, las uvas son trasladadas cuidadosamente a los lagares para ser prensadas y transformadas en vino.

página anterior La recolección de las uvas es una tarea intensiva que resulta agotadora.

abajo Unos cestos de mimbre tradicionales exhiben una selecta cosecha de uva pinot noir.

Elaborar vino blanco

arriba Las uvas salen de la máquina que las despalilla y estruja separadas de los escobajos.

Aunque no sea frecuente, el vino blanco también se puede elaborar con uvas tintas. En la región de Champagne esto se hace habitualmente: se utilizan pinot noir y pinot meunier. En efecto, el vino blanco se puede hacer con uva de cualquier color, siempre que se retire el hollejo o no se deje macerar el mosto con uvas de hollejos oscuros.

A la hora de elaborar vino blanco, es primordial que todo el equipo, de acero inoxidable, esté muy limplio. Esto es necesario también, por supuesto, cuando se vinifica el tinto, pero de modo especial cuando se trata de blanco. El control estricto del proceso es la clave para conseguir un buen vino blanco: se tiene que evitar un exceso de oxígeno, así como la proliferación de bacterias nocivas.

Gran parte de la vendimia y el estrujado se realiza en las primeras horas del día, especialmente en los climas cálidos. El objetivo primordial es extraer el mosto de las uvas lo más rápidamente posible, hacerlo fermentar, y después embotellar el vino, o bien introducirlo en barricas de roble para que desarrolle más aromas, pero conservando tantos matices como sea posible de la deliciosa uva.

El proceso de la vinificación

Una vez vendimiadas, las uvas se seleccionan; las podridas se desechan. Después, se llevan a la bodega lo más rápidamente posible, para evitar que se aplasten por su propio peso y se oxiden. Para conseguir un estilo de vino blanco seco, ligero y sin madera, las uvas se estrujan y se separan de su pedúnculo con una despalilladora. Para impedir que se oxide y se estropee, se añade al mosto anhídrido sulfuroso, que ayuda a matar las bacterias y cualquier levadura silvestre no deseada. A veces, al abrir una botella de vino que no ha estado en madera o de vino dulce se nota un olor a cerilla quemada; es el olor del azufre, pero cuando el vino se expone al aire el olor desaparece en seguida.

A continuación, las uvas se prensan para extraer todo el zumo. Este zumo –el mosto– se bombea y se introduce en tanques de acero inoxidable para que se asiente. Entonces se siembra la levadura seleccionada. Antes, los vinicultores utilizaban levaduras "silvestres" locales, que podían necesitar algún tiempo para realizar su cometido, pero los de hoy en día, en especial en las nuevas regiones vinícolas, usan principalmente levaduras cultivadas, que tienden a ser más previsibles. Por supuesto, muchos inconformistas piensan todavía que las silvestres son mejores, y argumentan que con ellas se obtiene un vino más complejo.

Llegado este punto, comienza la fermentación. Puede ser rápida, lenta, más caliente o más fría. La norma para los blancos es que se realice entre 10 °C y 25 °C.

En las bodegas modernas los tanques están dotados de unos sofisticados paneles de control mediante los cuales se puede modificar la temperatura de cada cuba accionando un regulador. El vinicultor puede dictaminar los aromas y el carácter de un vino controlando la temperatura de la fermentación; por lo general, cuanto más fría es la fermentación más afrutado es el vino. Los blancos, que dependen de aromas frutales primarios y no necesitan de una maceración, fermentan casi siempre a temperatura más fría que la mayoría de los tintos.

Transcurridos los días que dura la fermentación, el nuevo vino se bombea a otro tanque, proceso mediante el cual se separa de sus heces, es decir, las células muertas de levadura y otras impurezas que se han depositado en la base del tanque. La temperatura se vuelve a bajar, y después se puede añadir un agente clarificador, como claras de huevo, para que aglomere todas las impurezas que flotan en el vino; este proceso se llama "clarificado" y a él se suelen someter todos los vinos tintos. Durante el clarificado, el huevo no se disuelve en el vino: simplemente tiene la misión de atraer los residuos sólidos.

Si la uva padeció una falta de sol, y por lo tanto tenía un bajo nivel de azúcares, habrá que añadir azúcar al vino para aumentar el grado de alcohol: esto se llama "chaptalización". Si no hay suficiente acidez, se puede añadir ácido tartárico o cítrico para corregir el desequilibrio. Lo que no se puede hacer es poner en práctica ambos procedimientos a la vez: chaptalización y acidificación no son compatibles. Finalmente, el vino es filtrado y embotellado.

Vino blanco en barrica

Para elaborar un vino blanco seco con crianza en barrica, se siguen los pasos anteriores hasta llegar a la fermentación. Pero entonces, antes de ésta finalice, el vino se bombea a barricas de roble. El vino nuevo permanece en ellas entre seis y ocho meses, durante los cuales absorbe los aromas de vainilla del roble, enriquece la fruta y gana en longevidad y en contenido de tanino. Dicho de otro modo, adquiere complejidad. Este procedimiento no es adecuado para todas las uvas blancas, pero la chardonnay, por ejemplo, responde muy bien.

Después, el vino se bombea a un tanque, como en el procedimiento anterior, se estabiliza, se afina (véase página 172), se filtra y se embotella.

derecha Las bodegas modernas están equipadas con tanques de acero provistos de complejos paneles de control.

En cuanto al roble, el tipo y el tamaño de la barrica que el enólogo elija ejercerán una enorme influencia en el aroma del vino: las barricas nuevas dan al vino un aroma de roble tostado más intenso que las barricas viejas; las barricas pequeñas le dan un aroma de roble tostado más intenso que las barricas grandes; el roble americano da al vino un aroma a roble tostado más obvio que los barriles franceses; el roble de un bosque se diferencia del de otro bosque... Las posibilidades son muchas. (Véase el apartado sobre el roble en el capítulo dedicado a la elaboración del vino tinto.)

Pero los barriles de roble son caros, y hay abundancia de blancos baratos con notas de madera que nunca han pasado por una barrica de roble, sino que sólo han estado en contacto con virutas. Una bolsa de virutas o de varitas de roble en un tanque de acero inoxidable lleno de vino blanco seco en fermentación le da instantáneamente sabor a roble. El vino no resulta excesivamente complejo porque no obtiene todos los matices que proporciona una estancia en barrica, pero para aquéllos a quienes les gusta morder una tostada untada con mantequilla al dar un sorbo de vino blanco, ésta es una alternativa económica.

Cómo otorgar personalidad a un vino

Igual que un gran chef introduce alguna peculiaridad en una receta clásica, también los elaboradores tienen su forma particular de proceder. La personalidad de un vino depende de la habilidad y la intuición del enólogo. La temperatura de la fermentación, así como el plazo de tiempo que se le concede para que llegue a término, son factores clave a la hora de determinar el carácter particular de un vino. Lo mismo ocurre con la elección de las barricas –edad y tamaño–, los tanques de acero inoxidable y las levaduras.

Después se produce la fermentación maloláctica –la "malo", tal como se la llama en el argot vinícola–, que debe tenerse en cuenta. Prácticamente todos los vinos tintos y un número creciente de blancos (sobre todo los que fermentan en barrica) sufren esta segunda fermentación "suavizante", en la que el verde y fuerte ácido málico es transformado por las bacterias en ácido láctico, mucho más suave. El proceso puede ocurrir espontáneamente, pero muchos enólogos lo provocan, manteniendo el vino nuevo a temperaturas relativamente altas, y/o introduciendo deliberadamente las bacterias lácticas. Además de dar mayor estabilidad al vino, esta segunda fermentación suaviza su sabor y lo hace más redondo al paladar. Pero hay que frenarla a tiempo, pues de lo contrario el vino acabaría siendo mantecoso y sin aromas. Los enólgos pueden y deben controlar la fermentación maloláctica para suavizar un vino seco demasiado vivaz. En cuanto al chardonnay fermentado y envejecido en roble, se somete a este proceso para que adquiera su característico paladar cremoso, con notas de mantequilla.

Las lías o heces, las impurezas que se depositan en el fondo de la cuba, también dan sus peculiaridades al vino. Un vinicultor puede hacer más complejo su producto removiéndolas (*bâtonnage*), por ejemplo una vez por semana, lo que facilita que se desprendan nuevas capas de aromas. Generalmente, los vinos de estilos más ligeros se trasiegan y separan de sus lías, pero cuando se trata de conseguir un vino más importante madurado en barrica, con aromas a mantequilla, se suele dejar en contacto con sus lías durante algo más de tiempo. Los vinos tintos casi siempre se mantienen sobre sus lías. Así se consigue un vino especial.

abajo La limpieza sigue siendo una prioridad en todo el proceso, hasta llegar al embotellado final del vino.

Elaborar vino tinto

Una de las tareas más difíciles en la vinificación de los tintos es el descube de los hollejos de la uva, una vez realizada la maceración correspondiente. Los trabajadores de la bodega raspan el fondo de cada cuba, cubiertos de la cabeza a los pies con restos de zumo y hollejos. Es indudable que hacer vino tinto es más duro que hacer vino blanco.

La gran diferencia son los hollejos. Una uva tinta que se prensa y de la que se eliminan los hollejos proporciona vino blanco. Si lo que se desea obtener es vino tinto, es necesario conservar los hollejos, pues al fermentar junto con el mosto harán emerger el color y el aroma. Sin embargo, a veces los hollejos pueden dar problemas, y en este punto es donde se requiere la habilidad de un enólogo experto.

Los racimos de uvas tintas recién vendimiadas se introducen en la estrujadora, una máquina que se limita a romper los hollejos. Según el estilo de vino que se quiera elaborar, y según la cantidad de tanino que se requiera, los escobajos pueden desecharse o no en ese momento. Los escobajos pueden añadir aromas desagradables y una excesiva astringencia tánica, de modo que si no se eliminan habrá que proceder con tiento.

Tras su paso por la estrujadora, las uvas, con sus hollejos, se introducen directamente en las cubas de fermentación, y empiezan a actuar las levaduras (silvestres o cultivadas). La fermentación puede tardar cuatro semanas o más en completarse. El vino tinto fermenta a una temperatura más alta que el blanco: entre 18 y 35 °C. Cuanto más alta sea la temperatura, más color y tanino se extraerán de los hollejos. En las regiones vinícolas más frías, a veces se requieren temperaturas más altas si se desea fortalecer el color, el aroma y los taninos.

arriba Para elaborar el excepcional Recioto della Valpolicalla Amarone, las uvas se dejan secar y apergaminar antes de la fermentación.

Naturalmente, hay excepciones. Vinos como el beaujolais fermentan por el método de la maceración carbónica, lo que quiere decir que las uvas enteras, con sus escobajos, se bañan en anhídrido carbónico; después, en el interior de cada baya se inicia una fermentación exenta de levaduras. El resultado es un vino brillante con fruta roja –frambuesa–, aromas suaves y afrutados y un olor característico a peras caídas, es decir, un vino para beberlo joven.

Volviendo al proceso tradicional, el anhídrido carbónico que se produce con la fermentación impulsa los hollejos hacia lo alto del depósito, y se forma el característico "sombrero". Entonces, para que la extracción de color y tanino sea uniforme, es necesario romper el sombrero. Ello se logra bombeando mosto del fondo del depósito sobre el sombrero para deshacerlo, o también empujando el sombrero hacia abajo dos o tres veces al día (un trabajo mucho más ingrato), o sumergiéndolo por completo.

izquierda La fermentación en cubas abiertas tiene sus adeptos, pero exige un trabajo muy duro a los empleados de la bodega.

Finalizada la fermentación, el vino nuevo, de color púrpura, se separa de sus hollejos y de las partículas sólidas del fondo de la cuba, que se prensan con mayor o menor grado de intensidad, y se trasiega a barricas bombeándolo. Ahora bien, muchos productores europeos dejan deliberadamente el vino nuevo en la cuba una vez terminada la fermentación, desde un par de días hasta dos semanas (según la intención del vinicultor) para extraer un poco más de color de los hollejos. Pero si este procedimiento se lleva a cabo en un clima muy cálido, los vinos pueden resultar excesivamente tánicos; por eso algunos productores separan incluso el líquido de los hollejos antes de que la fermentación haya concluido, dejando que ésta finalice en la barrica, lo que recibe el nombre de "fermentación en barrica". Esto se hace mucho en Australia, para obtener vinos con un olor dulce y tostado.

La importancia del roble

Se puede decir que el roble es el ingrediente más importante en la elaboración de vinos después de las uvas. Los productores se enorgullecen de sus barricas: el roble añade grandeza y valor a sus vinos. Está ampliamente reconocido que la madera es un ingrediente mágico en la vinificación, porque puede proporcionar a los vinos aroma, color y taninos. Las barricas y tinas son costosas, y algunos toneleros y maderas son más apreciados que los demás.

Las barricas de roble francés tienen la mejor reputación y el precio más elevado, pero también se fabrican barricas con roble de cualquier otra parte del mundo. Aunque sólo una fracción de los vinos del mundo acaba en un barrica (una gran parte se elabora en tanques de acero inoxidable, más baratos), muchos de los mejores envejecen en barricas de roble.

Otras maderas, como el pino, el castaño y la secoya, se utilizan a veces para fabricar cubas de vino de mayor tamaño, pero el roble es la madera ideal para las barricas más pequeñas (de unos 225 litros de capacidad) porque es fuerte e impermeable al agua, pero flexible, y, aunque no se sepa bien el motivo, mantiene una buena relación con el vino.

La madera para elaborar una barrica de roble debería proceder de árboles de ochenta a cien años. Los toneleros distinguen entre el roble de fibra apretada; el roble de crecimiento lento procedente de bosques densamente plantados, y el roble más poroso, de fibra menos compacta, utilizado con frecuencia por los productores de aguardientes. El roble más apreciado por los bodegueros

abajo La elección del roble de las barricas (se considera que el francés es el mejor) es una parte crucial del proceso de elaboración del vino.

procede de Francia central, concretamente de Allier y Nevers, en el Loira superior, y de las colinas de los Vosgos, en el oeste de Alsacia. Al visitar una bodega, resulta interesante buscar el sello de marca de las barricas.

Cabe apuntar que el mayor productor de roble es Estados Unidos. El roble americano es mucho más fuerte que el francés, y comunica al vino un dulce sabor a vainilla. Se usa sobre todo para vinos tintos, tanto en América del Norte como en América del Sur, y en España y Australia. Su comportamiento es también bueno con los vinos de chardonnay de clima cálido.

El grado de tostado del interior de las barricas proporcionará otro aroma que realzará el vino. Si el tonelero tuesta ligeramente la madera, es muy probable que la barrica comunique a un vino más taninos y menos aroma a roble que una barrica con un tostado medio. Las barricas muy tostadas pueden conferir a un vino su peculiar aroma caramelizado.

Las barricas de roble de marca son las de precio más elevado. Cuanto más nueva sea una barrica, más tanino y más aroma a roble comunicará a un vino, pero a una barrica de tercer año de uso ya no le queda casi aroma que comunicar.

El vino tinto pasa más tiempo en roble que el blanco, por lo general entre 9 y 18 meses, según el cuerpo y la estructura que el bodeguero desee que adquiera. Los tintos ligeros y económicos, para el consumo inmediato, son, como es lógico, tratados de distinta manera, y permanecen en tanques o cubas de acero inoxidable.

Los vinos rosados

Los vinos rosados se elaboran exactamente igual que los vinos blancos, con la excepción de que el mosto, antes de la fermentación, se tiñe ligeramente mediante un breve contacto con hollejos de uvas tintas. Otra forma de elaboración de vino rosado consiste en el llamado "sangrado", en que una parte del mosto se introduce en un depósito de uvas tintas estrujadas inmediatamente después de que haya comenzado la fermentación. Una solución muy básica sería añadir una parte de vino tinto al vino blanco.

arriba En las cubas de fermentación abierta, el líquido se bombea sobre el "sombrero" una o dos veces al día.

El arte de mezclar, afinar y filtrar

Los vinos tintos, como los blancos, son casi siempre producto de mezclas. Puede ser una mezcla de diferentes viñedos, o incluso de diferentes clones de la misma uva de un mismo viñedo; puede ser una mezcla de dos o más depósitos del mismo vino, pero elaborado de distinta manera; o bien una mezcla de vinos de diferentes variedades: chardonnay y sémillon, merlot y malbec, por ejemplo. Con sus mezclas, el vinicultor puede controlar realmente el equilibrio y el estilo del vino.

Después, se trata de afinar y filtrar (o no) antes de embotellar. Afinar y filtrar ayuda a estabilizar el vino y lo protege de la acción de bacterias no deseadas, además de librarlo de las impurezas que se asentarían en la base de las botellas. Pero algunos productores consideran que estos procesos restan carácter al vino, y prefieren no llevarlos a cabo.

Los vinos espumosos

izquierda Krug es la única casa de la Champagne que continúa utilizando la fermentación en barrica para su producción de vinos base.

En todos los países productores de vino del mundo se elaboran espumosos, y existen muchos sistemas para hacerlo.

El método tradicional

El método clásico –y el mejor– se denomina método tradicional o *méthode champenoise*. Es el que se utiliza para elaborar el champagne, el cava, el crémant, la blanquette de Limoux, el espumanti clásico italiano y algunos sekt alemanes, así como los buenos espumosos de los nuevos países productores. El vino de base se consigue de la siguiente manera: algunos racimos se prensan suavemente y se fermentan con levadura para hacer un vino blanco seco y sin madera, que luego se mezcla con otros vinos, del mismo año o de años atrás, hasta conseguir el equilibrio adecuado de acidez, persistencia en boca y complejidad. Después este vino base se mezcla con un poco de levadura y azúcar, antes de embotellarlo y almacenarlo en posición horizontal en una bodega fría, para esperar a que se produzca la segunda fermentación. Al cabo de unos meses (depende de la legislación) las botellas se colocan boca abajo en estanterías especiales, denominadas "pupitres". Luego, se inicia la fase de "removido": regularmente se giran las botellas, durante más o menos un mes, para hacer bajar los sedimentos de las levaduras muertas (los posos), de modo que se depositen en el cuello de la botella, sobre el corcho. Ahora la tarea la realizan máquinas denominadas "giropalets", pero algunas casas de espumosos prefieren seguir haciéndola a mano, al estilo antiguo.

La siguiente operación consiste en congelar el líquido del cuello de las botellas, con lo que se aprisionan los sedimentos. Al quitar el corcho, los sedimentos congelados son expulsados e inmediatamente se acaba de llenar la botella con un poco más del mismo vino y algo de azúcar líquido (esta mezcla se denomina "dosificación"); después se pone el tapón de corcho, que se sujeta con un morrión de alambre, y las botellas se dejan reposar durante unos meses antes de lanzarlas al mercado.

El método transfer

El mejor procedimiento después del método tradicional, se utiliza para la elaboración de algunos espumosos en los nuevos países productores. La fermentación secundaria se realiza en la botella y después el vino se trasvasa a cubas presurizadas para proceder sucesivamente a la dosificación, el filtrado y el embotellado definitivo.

El método Charmat

Es el método del tanque (conocido también como *cuvée close*). Es el método más corriente para elaborar rápidamente los espumosos más baratos, gran parte del sekt

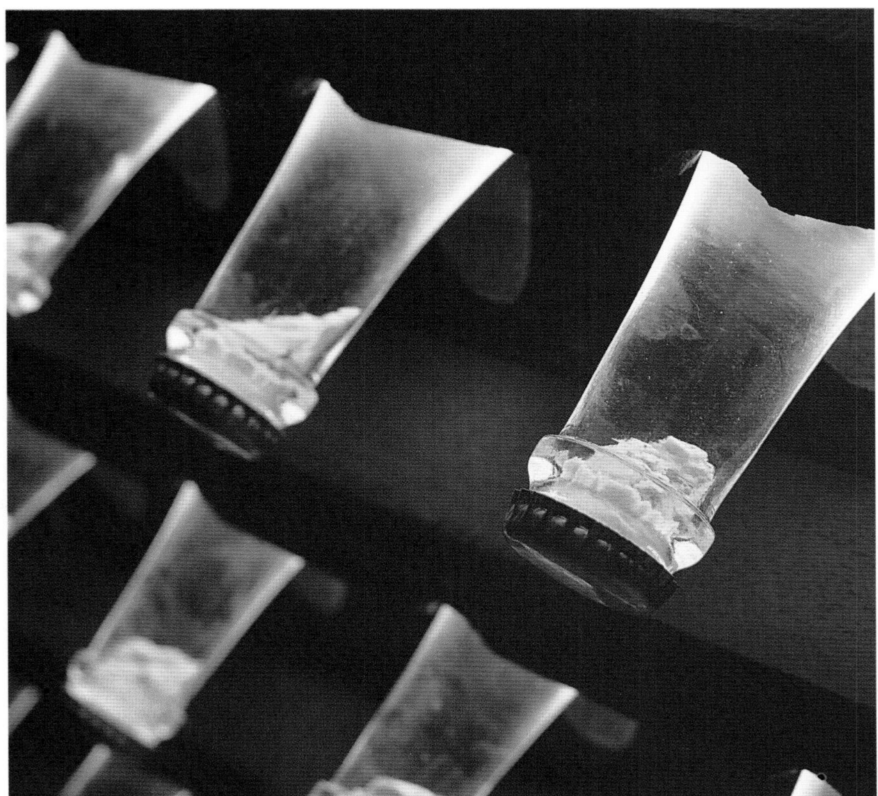

alemán y la mayoría de los asti spumanti. El vino base se deposita en grandes tanques de acero inoxidable donde tiene lugar la segunda fermentación a temperatura controlada, seguida por la dosificación, el filtrado y el embotellado.

Carbonatación

La carbonatación se realiza igual que en las bebidas espumosas no alcohólicas. A un tanque de vino base se le inyecta gas carbónico, y después el vino se embotella bajo presión.

El efecto Champagne

El método tradicional o *méthode champenoise* es el que mejor destaca los aromas de las uvas. Se puede usar cualquier variedad de uvas, aunque muchos productores se aferran a las mismas mezclas utilizadas en Champagne: chardonnay, pinot noir y pinot meunier. Por lo general, los mejores vinos base para hacer espumosos son los de elevada acidez y poco carácter; por lo tanto, las

arriba El sedimento desciende por el cuello de las botellas a medida que las hacen girar en los pupitres.

uvas cultivadas en climas fríos son las mejores. Habitualmente se mezclan las variedades de chardonnay y pinot noir, pero a veces se emplean solas para elaborar un espumoso 100 % chardonnay, que se conoce en Champagne como *blanc de blancs*, o también 100 % pinot noir, que se denomina *blanc de noirs*. La mezcla de vinos básicos es lo más importante cuando se elabora champagne, y es posible combinar hasta cuarenta vinos diferentes. Se requiere mucha experiencia para poder predecir cómo resultará el producto final.

El champagne es el más caro de todos los espumosos, al margen de por todo el glamour que ha acabado rodeándolo, porque la elaboración de champagne requiere mucho más dinero, tiempo y esfuerzo que la de otros vinos espumosos.

Elaborar vino dulce

Parte del mejor vino del mundo es vino dulce. Por ejemplo, el Château d'Iquem es un vino altamente preciado y sumamente caro. Sin embargo, la tendencia actual es a menospreciar el vino dulce. Y esta falta de entusiasmo es lógica y está justificada: una gran parte del vino dulce es imbebible. Muchos vinos dulces carecen de la acidez suficiente para equilibrar el azúcar residual. El anhídrido sulfúrico también ha tenido su parte de culpa: los vinicultores solían –y algunos todavía lo hacen– añadirlo en apreciables cantidades al vino, con el objeto de frenar la acción de las levaduras y apagar la fermentación: el resultado era una sensación de cosquilleo y picor en la garganta. El buen vino dulce debe estar bien equilibrado, y debe haber sido elaborado con uvas de cosecha tardía, para encerrar toda la dulzura natural de la fruta madura.

Lo mejor

La podredumbre noble –*Botrytis cinerea* es su nombre científico– es la que proporciona el mejor vino dulce. Este hongo, que es aereotransportado, seca las uvas maduras, lo que incrementa sustancialmente su contenido de azúcar y su acidez y añade glicerol (que confiere una suntuosa sensación almibarada en la boca) y multitud de nuevos aromas. Sin embargo, si ataca las uvas antes de que estén maduras, o cuando el tiempo es demasiado húmedo, las uvas se pudren en las vides. Y cuando el clima no acompaña (humedad, mañanas con niebla seguidas por tardes calurosas y soleadas), el mosto resultante es escaso. Las uvas se deben recolectar a mano, y como no todas maduran al mismo tiempo, se requieren interminables idas y venidas al viñedo.

Después, las uvas se estrujan y se prensan, se les añade levadura y se someten a una lenta fermentación. El vino se vierte en cubas de acero inoxidable o en barricas de roble, y se deja asentar durante unos meses para que se estabilice. Después se afina, se filtra y, finalmente, se embotella.

Los vinos mejor botrytizados provienen de buenas cosechas de Sauternes y Bauzillac, en Burdeos; de Alsacia, los etiquetados como *Sélection de Grains Nobles*; de Alemania el *trockenbeerenauslese* y el *beerenauslese*; del Burgeland asutriaco, y de Hungría y sus alrededores, el tokay, a los que hay que añadir toda una serie de embotellados especiales de todo el mundo. Algunos productores (especialmente en California) vendimian las uvas y después las rocían con esporas de botrytis en la bodega para imitar las condiciones adecuadas. Se obtienen como resultado vinos que pueden ser impresionantes.

El resto

Algunos vinos están elaborados con uvas muy maduras; se denominan vinos de cose-

cha tardía. Por lo general, para estos vinos se utilizan variedades con sabor a frutas, como la riesling.

Las uvas se estrujan y se prensan en un tanque frío de acero inoxidable. Se añade levadura, y después el vino se enfría para interrumpir la fermentación antes de que se transforme en alcohol; entonces se estabiliza, se afina, se filtra y se embotella. El jurançon dulce se elabora así, lo mismo que los sauternes más baratos y otros blancos dulces del sudoeste de Francia de cosechas menos excepcionales, así como el spätlese alemán y los auslese, entre otros.

Para elaborar ciertos vinos dulces las uvas se secan previamente dispuestas en eras o bandejas, a veces a la cálida luz del sol, para concentrar así su dulzura natural. Este método tiene especial importancia en el nordeste de Italia, donde se utiliza en la elaboración del recioto y el amarone, siempre que no sea seco.

El más delicioso de todos los vinos dulces es sin duda el vino de hielo, el eiswein. Para elaborarlo, las uvas no se cogen hasta que se han congelado en la planta (una tarea ingrata); al prensarlas desprenden un jarabe rico en azúcar, que deja tras de sí el agua congelada en cristales. En Canadá se elabora un buen vino de hielo, así como en Alemania y Austria, cuando el clima es normal. En climas más cálidos se ha intentado con bastante éxito congelar las uvas después de vendimiarlas.

arriba Las uvas trebbiano y malvasía se secan para concentrar su dulzura natural.

página anterior En el viñedo del Château d'Yquem, las uvas afectadas por la podredumbre noble se recogen a mano, una por una.

Elaborar vinos fortificados

arriba El oporto *tawny* envejece en barricas durante seis años o más antes de ser mezclado y embotellado.

A veces el madeira, el oporto, el jerez y otros vinos fortificados se consideran bebidas pasadas de moda. Sin embargo, los vinos fortificados tienen una larga vida por delante. Los buenos son deliciosos, y algunos de ellos se cuentan con toda seguridad entre los vinos más apasionantes del mundo.

Como su nombre indica, los vinos fortificados son vinos a los que se ha añadido alcohol. Ese alcohol adicional tiene dos efectos: mata las levaduras e interrumpe la fermentación, lo que da lugar a un vino de graduación alcohólica más alta. Si el alcohol se añade antes de que finalice la fermentación, mientras el azúcar todavía está fermentando en el mosto, el vino fortificado resultante será dulce. Por el contrario, si el alcohol se incorpora en una etapa posterior, cuando la fermentación ha finalizado y el azúcar ha desaparecido, el vino será seco. Lo que ocurra después de esto dependerá del estilo de vino que se quiera elaborar: desde el oporto y el madeira hasta el jerez, pasando por el marsala, el málaga y el licor muscat australiano.

El oporto

El oporto es en cierto modo como el árido y caluroso valle del Duero de donde procede, al norte de Portugal. Allí, las uvas tintas maduras, de hollejo grueso, como la touriga nacional, se transforman en vinos fuertes, dulces e intensos que se elaboran en estilos muy diferentes. Hay dos categorías básicas: los envejecidos en botella y los envejecidos en madera. Y dentro de estas dos categorías, hay muchos estilos de oporto. El oporto *vintage*, por ejemplo, se empieza a elaborar como si se tratara de un vino de mesa. Pero después, cuando todavía queda mucho azúcar por fermentar, se añade alcohol para interrumpir la fermentación. El alcohol sube vertiginosamente y el vino queda dulce. Entonces permanece en barrica de roble durante un año aproximadamente y después se embotella y se deja envejecer durante diez años como mínimo.

El oporto *tawny* se deja envejecer antes de embotellarlo. Se mantiene en barricas durante seis años o más para que adquiera su característico color *tawny* (naranja-leonado), y después se mezcla con vinos de diferentes cosechas para que gane en complejidad antes de embotellarlo.

Muchos productores establecidos en climas semejantes se ponen a prueba elaborando vinos estilo oporto, especialmente en Australia, Sudáfrica y California, pero pocos usan las variedades tradicionales de oporto. Los que más se parecen al auténtico oporto son el banyuls y el maury, elaborados en el Rosellón, en el sur de Francia.

Jerez

Bebido fresco, el jerez es un vino delicioso. Hay dos estilos básicos de jerez: el fino y la manzanilla, pálidos y delicados, y el amontillado y el oloroso, oscuros y con matrices de frutos secos.

La región de Jerez es una de las regiones productoras de vinos elegantes más calurosas del mundo. Está situada en el sur de España, en la provincia de Cádiz. Aquí domina la uva palomino, igual que la *flor*, o *velo de flor*, que es la levadura natural que se desarrolla en la superficie del fino cuando está en barrica. Ella es la que da al vino su original sabor puntilloso y salino. Cuando ha madurado cerca del mar, como la manzanilla de Sanlúcar de Barrameda, ese sabor de marina es incluso más pronunciado.

La elaboración del oloroso empieza del mismo modo que la de los jereces secos, pero se le añade más alcohol fortificante antes de ponerlo en barrica. El velo de flor no se desarrolla, aunque pase años en la barrica, pero se oscurece hasta adquirir un color ambarino y unos aromas concentrados a especias y madera. Se puede embotellar seco o endulzado con adición de vino pasificado. Si se deja años en barrica se obtiene un *cream sherry*, mucho más barato que el oloroso. Cuando se habla de jerez resulta ineludible mencionar el sistema de criaderas y solera, esencial en la producción de muchos vinos fortificados y que ahora se emplea en todo el mundo. Se trata de un tipo de mezcla que los vinicultores utilizan para mantener constante su producto. Las barricas se colocan en una pirámide cuyos niveles contienen vinos de diferentes edades, con el más viejo en la hilera inferior (solera) y el más joven en la hilera superior (primera criadera). Cada año se saca un poco de vino de la solera para embotellarlo, y la extracción de vino se repone en la criadera inmediatamente superior, que se repone a su vez en la hilera de encima de ésta, y así sucesivamente hasta llegar a la primera criadera, la cual está llena de vino de la cosecha del año. Este mismo ingenioso sistema es el que se aplica en los húmedos desvanes de la isla de Madeira para obtener el famoso vino homónimo.

abajo Lejos de ser reliquias de una época pasada, los vinos fortificados se cuentan entre los más apasionantes. El oporto y el jerez son dos de los grandes clásicos, pero hay otros.

Vino y salud

El vino, especialmente el tinto, es bueno para la salud. Los científicos lo vienen asegurando, repetidamente, desde hace diez años. Sin embargo, se bebe vino desde hace siglos.

Fue la ley seca de Estados Unidos la que en el siglo XX favoreció el inicio de la investigación acerca de los peligros del consumo de alcohol. La conclusión, en contra de lo esperado, fue que el consumo moderado de vino tinto ayuda a prevenir enfermedades de corazón.

Entonces se acuñó la expresión "paradoja francesa": los franceses disfrutan comiendo y bebiendo sin recelo, sin consecuencias negativas aparentes para sus coronarias. El efecto del vino tinto fue considerado como un posible factor en la reducción del riesgo de sufrir enfermedades del corazón. Cuando este estudio se publicó por televisión en Estados Unidos, en 1991, las ventas de vino tinto se incrementaron de forma asombrosa.

Ahora existe la evidencia de que quienes beben moderadamente tienen menos probabilidades de desarrollar enfermedades del corazón –las que causan más muertes en el mundo occidental– que aquellas personas que beben mucho o bien no consumen nada de alcohol

Cómo ayuda el vino

El alcohol, aparentemente, modera el nivel de las sustancias químicas responsables de la concentración en la sangre de colesterol y proteínas coagulantes. Un consumo moderado mejora el equilibrio entre las formas de colesterol beneficioso y perjudicial. Pero el alcohol no es el único factor. El vino tinto, mucho más que el blanco, es rico en fenoles (el pigmento y los taninos), que tienen propiedades antioxidantes. Y es esta actividad antioxidante la que probablemente (aunque todavía no hay pruebas concluyentes) contribuya a los efectos benéficos del vino sobre el corazón.

Con moderación

Cabe aquí preguntarse qué significa "beber con moderación". Si se bebe demasiado, el comportamiento se altera, el hígado resulta perjudicado, se adquiere cierta dependencia, se pueden sufrir accidentes y se resiente el cerebro, sin considerar los perjuicios que comporta la dependencia del alcohol: presión sanguínea elevada, cáncer, infertilidad...

Pero beber con moderación puede levantar el espíritu, favorecer la digestión, evitar enfermedades de corazón, reducir la presión sanguínea y estimular el apetito.

Existen diferentes criterios acerca de lo que debería ser "beber con sensatez". La tolerancia en este sentido difiere de un país a otro, y existen divergencias respecto a lo que se puede consumir con seguridad. En Estados Unidos, por ejemplo, se considera que la ingesta de alcohol no debe superar los 14 g, mientras que en Gran Bretaña se preconizan los 8 g, y en Australia los 10 g. Esto equivale aproximadamente a un vaso pequeño de vino, un vaso muy pequeño de vino fortificado, un poquitín de algún aguardiente o un vaso de cerveza. En Francia se asegura que el consumo saludable de alcohol para los hombres es de 60 g diarios. Pero lo que no se debe hacer es dejar de consumir alcohol durante toda la semana, para luego bebérselo de golpe: en el momento se estaría excesivamente anticoagulado, como diría un médico, lo que aumentaría el riesgo de sufrir un ataque de apoplejía.

Esto constituye únicamente una orientación. Siempre hay que tener en cuenta la edad, la constitución, el peso y el estado general de salud de cada persona, y en cualquier caso, ante todo, tiene que prevalecer el sentido común.

abajo La moderación es la clave, pero ahora se cree que el vino es beneficioso para la salud. El alcohol ayuda a reducir los niveles de colesterol en la sangre, y el vino tinto tiene propiedades antioxidantes que pueden proteger contra las enfermedades del corazón.

Aprender de vinos

En España existen algunas entidades especializadas en impartir cursos de cata sensorial, de iniciación al conocimiento del vino y de cata de vinos a distintos niveles. Asimismo, existen diversas organizaciones relacionadas con el mundo del vino y la gastronomía. Algunas entidades imparten los cursos oficiales para obtener la diplomatura de sumiller, pero también la mayoría de los mejores establecimientos especializados en la venta de vinos –ubicados en muchas de las capitales de provincia del país y fáciles de localizar– ofrecen la posibilidad de aprender y perfeccionar la cata de los vinos.

Por el placer que proporciona el vino y por su connotación social, merece la pena ponerse en manos de profesionales y dedicar un tiempo a aprender a disfrutar de una de la bebidas más preciadas del mundo.

Aula de Vino (937 515 015 – http://www.sensorialespai.com) es una división de Sensorial Espai Group. Ubicada en Barcelona, está dirigida por profesionales cuya actividad principal se centra en ofrecer un amplio abanico de cursos, encuentros y entretenimientos alrededor del vino. Sus actividades están dirigidas tanto a aficionados y expertos como a quienes no conocen todavía el vino y quieren aproximarse a él sin miedo y desde una perspectiva lúdica y social. Se ofrecen cursos de iniciación y reciclaje, monográficos, catas comparativas, degustaciones de grandes marcas y divertidos retos a ciegas.

Círculo Catalán de Catadores (933 189 385) es una entidad establecida en Barcelona que ocasionalmente ofrece cursos de iniciación a la cata vinos, así como diferentes actividades lúdicas y gastronómicas a sus socios.

Vila Viniteca (932 683 227 – http://www.vilaviniteca.es) es un establecimiento especializado en la venta de vinos ubicado en Barcelona que imparte de forma regular distintos cursos de cata de vinos y organiza encuentros enogastronómicos. Tiene sucursales en las localidades de Lleida y Tarragona.

Escuela de Restauración y Hostelería de Barcelona (934 532 903). Imparte el curso oficial de sumiller, dirigido a aquellas personas que deseen desarrollar profesionalmente esta actividad.

Cámara Oficial de Comercio e Industria de Madrid (915 383 838). Ubicada en Madrid, imparte cursos oficiales de sumillería para profesionales del sector de la hostelería y la restauración.

Unión Española de Catadores (914 293 477). Situada en Madrid, imparte cursos de iniciación a la cata y otros cursos monográficos relacionados con el vino y su entorno.

Hotel Escuela Bellamar (952 772 300). Ubicado en Marbella, a través del Centro Nacional de Turismo y Hostelería imparte cursos de cata de vinos y de iniciación al conocimiento del vino y su entorno, así como cursos más completos de sumillería dirigidos a profesionales del sector.

Sobre el terreno

En casi todas las sedes de las DO de vinos de España se imparten cursos específicos sobre sus vinos y se organizan recorridos vinícolas, así como visitas a bodegas.

Glosario

Acidez
La acidez está naturalmente presente en las uvas. Si es excesiva, confiere al vino un sabor demasiado acre; si es escasa, el vino resulta blando y apagado.

Azufre
En el proceso de vinificación, se utiliza en la esterilización del equipo; se añade como antioxidante a las uvas frescas y al vino; en forma de bióxido sulfuroso, se emplea para interrumpir o retrasar la fermentación.

Botrytis
El nombre completo es *Botrytis cinerea*. Es un hongo presente en el aire que ataca las uvas en condiciones de humedad y frío. Se conoce también como podredumbre noble porque en ocasiones seca y pudre la fruta, concentrando sus azúcares y sabores.

Chaptalización
Adición de azúcar durante la fermentación del mosto para aumentar el grado alcohólico del vino.

Clarificación y filtrado
Acción de limpiar el vino de pequeñas partículas en suspensión. Consiste principalmente en eliminarlas para garantizar la perfecta limpieza del vino. Se puede realizar añadiendo al vino un agente que absorba dichas partículas (gelatina, cola de pescado, clara de huevo, bentonita, etc.) y las deposite en el fondo del recipiente, o también colándolo a través de un filtro convencional.

Corchado
Olor húmedo y mohoso que a veces se percibe cuando un corcho se pudre y que echa a perder el sabor del vino. A veces se emplea el galicismo *bouchonné* (del francés *bouchon*, tapón).

Cru
Palabra francesa utilizada para referirse al viñedo o pago de gran prestigio que produce vinos excepcionales y de características especiales.

Cru classé
Términos franceses que designan un viñedo o hacienda en el sistema de clasificación de vinos de Burdeos. Un total de 61 vinos tintos del Médoc (más uno de Graves) fueron clasificados como *crus classés* en 1855 y divididos en cinco categorías: *premier cru*, *deuxième cru*, *troisième cru*, *quatrième cru* y *cinquième cru*. Sólo unos pocos más han sido clasificados desde entonces.

Cuvée
Palabra francesa que designa una mezcla de vinos de alta calidad o una selección especial.

Denominación
Región vinícola definida geográficamente. En Francia, donde se empezó a utilizar este concepto, el sistema de *appellation contrôlée* garantiza que un vino procede de donde indica la etiqueta y que se ha elaborado con uvas específicas y siguiendo un determinado procedimiento.

Denominación de origen (DO)
En España, determinación controlada del origen de los vinos de calidad.

Denominación de origen calificada (DOCa)
En España, máxima calificación para los vinos de calidad con denominación de origen.

Disco (o menisco)
Eclipse que dibuja el vino en la copa inclinada cuando se mira desde arriba. En la fase visual de la degustación los matices del borde de ese disco revelan el estado de evolución del vino, desde los tonos más morados en su juventud hasta las tonalidades teja, ladrillo y ambarinas en su vejez.

Domaine
Una hacienda vinícola, especialmente en Borgoña.

Dosificación
En el caso de los vinos elaborados según el método tradicional o champañés, adición final a un vino espumoso que llena por completo una botella y determina su dulzura.

En primeur
Término francés utilizado en el comercio de vinos para indicar que se compran en primicia, cuando todavía están faltos de su crianza; en este caso se apuesta anticipadamente por la futura evolución del vino. Es una práctica común con algunos vinos de Burdeos.

Enólogo/a
Persona con amplios conocimientos relativos a todo el proceso de elaboración del vino. En las bodegas de todo el mundo se contratan los servicios de enólogos para mejorar los vinos.

Espuma
Burbujas que se forman en la superficie de las copas de vino espumoso, debidas al desprendimiento del gas carbónico de origen endógeno.

Fermentación maloláctica
Se produce en los vinos tintos y algunos blancos después de la fermentación alcohólica. Consiste en una descomposición biológica del ácido málico (de sabor verde) en ácido láctico (de sabor más suave). Suele producirse espontáneamente en los tintos, pero por lo general en los blancos es inducida por el elaborador.

Filoxera
Pulgón que ataca las raíces de la vid. Se importó por descuido de Estados Unidos y se extendió por Europa y otros lugares a finales del siglo XIX. En consecuencia, ahora las cepas se injertan sobre pies americanos, que son resistentes a él.

Híbrido
Cepa obtenida por el cruce de diferentes especies de vid. Un ejemplo es el de la europea *Vitis vinifera* con otras, como la *Vitis amuriensis.*

Lías
Las impurezas que hay en vino tras su fermentación, entre ellas las levaduras muertas. También se aplica a las levaduras muertas que se depositan en el fondo de las botellas de espumoso después de la fermentación secundaria. En ocasiones, en lugar de *lías* se emplea la palabra *heces.*

Maceración carbónica
Fermentación en cubas de los racimos enteros de uvas tintas, especialmente en la elaboración del beaujolais (Francia) y de los típicos vinos de cosechero en La Rioja alavesa (España). Produce vinos púrpura, afrutados, que se beben jóvenes.

Négociant
Palabra francesa que designa a un comerciante o expendedor que compra vino o uvas ya maduras a los cultivadores y, a veces, mezcla varios vinos antes de proceder al embotellado y a la venta.

Nuevos países productores
Países en los que la elaboración de vino no es tradicional, pero que disponen de tierras adecuadas y se han lanzado a la vitivinicultura aplicando técnicas modernas con el objetivo de conseguir una buena calidad y el mayor rendimiento posible.

Oxidación
Ocurre cuando el vino se expone al aire: pierde frescura y su color se oscurece, y eventualmente se puede transformar en vinagre. La oxidación controlada –en la producción de jerez, por ejemplo– puede proporcionar un vino más complejo.

Pie americano
Portainjerto de vid americana que se utiliza para proteger la vid vinífera del ataque de la filoxera.

Producción
Importante factor que determina la calidad del vino. Cuanto menos racimos haya en la vid, más concentrados serán el zumo y el vino.

Recolección tardía
Las uvas cosechadas tardíamente contienen más azúcar y aromas concentrados, y por consiguiente suelen ser dulces.

Sur lie
Expresión francesa que significa "sobre las lías" y se aplica a vinos blancos que obtienen algo más de carácter gracias al contacto con las lías.

Tanino
Sustancia que se encuentra en los hollejos y los pedúnculos de las uvas. Produce la misma sensación en el paladar que un sorbo de té silvestre (astringencia). Habitualmente los vinos tintos tienen mayor cantidad de taninos si se elaboran con uvas de hollejos gruesos, o si se someten a una larga maceración o están en contacto con los pedúnculos durante la fermentación. Las barricas de roble también aportan taninos al vino.

Terroir
Palabra francesa de amplio significado que hace referencia al tipo de suelo, el clima, el drenaje y la situación de un viñedo. En castellano se suelen utilizar las palabras *pago* o *terruño.*

Varietal
Vino elaborado con una sola variedad de uva.

Vides viejas
Cuanto más viejas son las vides, mejor en términos de calidad es la producción de vino.

Vinificación
El proceso de transformar el mosto de las uvas en vino.

Viticultura
Arte de cultivar las vides y de gestionar los viñedos.

Índice

Agradecimientos

Agradecemos especialmente a Susan Low la valiosa ayuda que nos ha prestado, así como a St. Martin Vintners Ltd., Brighton, RU.

Los editores agradecen a Hanningtons, Brighton, RU. el uso de sus instalaciones.
Los editores dan las gracias a las siguientes personas por haberles permitido utilizar sus fotografías:
CEPHAS Picture Library: 9, 10, 14, 15, 16, 17, 18, 20, 21 (arriba, izquierda), 22, 23, 25, 26, 29, 30, 33, 37, 66, 72, 73 (arriba y abajo), 84, 85, 88, 91, 93, 94 (arriba, izquierda), 95, 96, 97, 98 (arriba y abajo, izquierda), 99 (centro y abajo, izquierda), 101 (arriba y abajo), 102 (arriba y abajo), 103 (arriba y abajo, izquierda), 105, 106 (arriba), 107 (arriba, centro y abajo, izquierda), 109, 110 (arriba), 111 (arriba y abajo, izquierda), 113, 114 (arriba y abajo), 115 (arriba y abajo, izquierda), 117 (arriba y abajo), 119 (arriba y abajo), 120 (arriba y abajo), 121, 122, 123, 125 (arriba y abajo), 126 (arriba y abajo), 127 (arriba y abajo, izquierda), 129 (arriba), 130, 131 (arriba y abajo), 133 (arriba y centro), 135, 136, 137, 139, 140 (abajo), 141 (arriba y abajo), 143 (arriba y abajo), 145, 146, 148, 149 (arriba y abajo), 150, 151, 152, 153, 154, 155 (arriba y abajo), 156, 157, 158, 159, 160 (arriba y abajo), 161, 162, 163, 164, 165, 166

Image Bank 40, 41 (abajo), 42, 64

Tony Stone 34, 45 (abajo), 78, 169

Superstock 7, 168

Elizabeth Whiting Associates 87